애착이론 BASIC

애착이론에 대한 개념, 구조 그리고 측정

●

유중근

MCInstitute
Mimesis Communication Institute

Attachment Theory
BASIC

The Concept & Structure of Attachment Theory And Its Measures

•

Joongkeun J. Yoo, Ph.D.

MCInstitute
Mimesis Communication Institute

추천의 글

우리나라는 아직 양극화의 문제가 있기는 하지만, 세계 12위권의 경제대국으로 발전하였습니다. 그러나 국민행복도는 178개국 중 102위로 하위권에 머물러 있습니다. 우리나라가 행복하지 않은 것은 높은 실업률과 이혼율, 그리고 자살율로 나타나고 있습니다. 학원폭력과 범죄율이 높은 것은 우리나라가 IQ중심의 지식교육에만 치중하였지, 대인관계에서 예절, 효도, 배려와 공감, 책임, 존중 등을 가르치는 EQ중심의 인성교육을 소홀히 한 데 원인이 있다는 진단도 있습니다.

우리나라의 수많은 사회문제의 뿌리는 어린 시절 부모가 애착관계를 제대로 형성하지 못한데 기인한다는 것이 밝혀지고 있습니다. 마약, 게임중독, 왕따, 학교폭력, 우울증, 자살, 가출 등이 증가하는 것은 부모의 경제적 수준과 무관하게 그 뿌리가 유년기에 안정적 애착의 결여에 있다는 것이 드러나고 있습니다. 프로이트, 애들러, 에릭슨, 코헛 등 역대 심리학자들은 어린 시절의 경험이 일생의 행복과 불행을 좌우한다는 것을 우리에게 알려주었습니다. 그러나 유아기의 안정애착이 무엇보다 중요하다는 것을 우리에게 알려준 것은 존 볼비와 메리 에인즈워스의 애착이론이라고 할 수 있습니다.

애착(attachment)은 '사람과 사람을 연결하는 시간과 공간을 넘어선 깊고 지속적인 유대감'을 뜻합니다. 양육자와 아이 사이의 애착은 아이의 안정, 안전, 보호에 대한 욕구의 토대 위에서 이뤄집니다. 어린 시절 부모와 양육자로부터 외면당하거나, 거부당하거나, 버림받은 상처를 전문가들은 '애착손상'(attachment injury)이라고 부릅니다. 애착손상의 증상은 술, 담배, 중독, 폭력, 이혼, 불안, 우울증, 집중력 저하, 학습곤란은 물론 여러 가지 성격장애로 나타납니다. 이 모든 사회적 문제를 예방하려면 애착과 관련된 전문가들의 연구가 필요하고 부모들이 애착의 중요성을 인식하여 앞으로 태어날 아이들에게 안정애착을 강화해야 합니다. 보육원과 유치원 시설을 확장하는 것은 근본적인 해결책이 아닙니다. "무상으로 아이를 돌봐줄 테니 부모는 나가서 일하라"는 것은 올바른 정책방향이 아닙니다. 출산율을 높이는 것도 중요하지만, 올바른 육아교육에 필요한 연구와 그에 대한 지원이 절실합니다.

저자 유중근 박사는 세계적으로 유명한 리버티대학교에서 애착과 자살에 대한 연구로 박사학위를 취득한 애착심리학자입니다. 추천자는 상담심리학자로서 그의 강의를 듣고 깊은 감동을 받았습니다. 그래서 우리나라의 모든 학자들과 부모들이 공유해야 할 내용이라 생각돼 그의 학문적 성취를 책으로 써줄 것을 부탁하였습니다. 이 책은 애착이론에 대한 깊고 폭넓은 메시지를 쉽게 풀이하여 누구든지 애착에 대해 관심을 가지고 있다면 그 깊이를 이해할 수 있는 폭발력 있는 메시지를 담고 있습니다. 유 중근 박사는 이 책에서 애착이론에 대한 역사적 발자취뿐만 아니라 애착유형과 애착으로 나타나는 개인의 다양한 특성에 대해 깊이 있게 소개하고 있기 때문에 애착에 관심이 있는 개인뿐만 아니라 정신건강 분야에 종사하고 있는 상담자와 사회복지사, 가정사역자, 그리고 학생과 교수들에게 일독을 권합니다.

가족관계연구소장 정 동섭, Ph.D.
(사)유사종교피해방지 범국민연대 이사장;
「인성수업이 답이다」, 「행복의 심리학」의 저자

저자 서문

　　존 보울비에 의해 애착이론이 처음으로 제시된 이후 애착이론은 에인즈워스를 시작으로 많은 학자들에 의해 발전되었다. 그리고 지금도 여전히 확장되고 있다. 현재 애착이론은 심리학뿐만 아니라 교육학, 사회학, 심지어 종교와 인공지능에 이르기까지 각 분야에서 연구가 진행되고 있다. 모든 학문이 그렇듯 인간의 생활에 적용되지 않는 이론은 발전하지 못한다. 좀 더 나은 생활과 성숙한 인간의 삶을 위해 이론에서 실천으로 옮겨져야 또 다른 연구가 진행될 수 있기 때문이다. 애착이론은 그런 점에서 꾸준히 연구가 진행되었다. 특히 사람은 왜 똑같은 환경이 주어져도 생각하는 것이 틀리고 자기 방식대로 살아가는가에 대한 적절한 해답을 제시하여 인간 자신을 이해하도록 지혜의 단서를 제공했다는 점에서 애착이론은 공이 크다. 애착이론이 뿌리 내리기 전 아동에 대한 사회적 열악함을 개척자들의 노력을 통해 좀 더 나은 아동-친화적 환경으로 바꿀 수 있었던 것처럼 지금도 애착에 관한 연구는 보다 나은 아동 환경을 위해, 보다 나은 교육환경을 위해, 그리고 보다 나은 개인의 정신건강과 치료 등 다양한 목적을 위해 지속되고 있다.

본서는 삶의 실천의 또 다른 연구결과로서 애착이론을 소개하지 않는다. 본서의 목적은 삶의 영역과의 접목이라기보다는 애착이론 자체에 대한 탐구에 있다. 애착이론에 대한 기본적인 개념들을 소개함으로 애착이론을 처음 접하는 사람들이 자신의 분야에서 애착을 접목할 수 있도록 도울 뿐만 아니라 애착에 관련된 전문가들이 애착이론의 현주소를 확인하고 연구에 적용할 수 있도록 돕는 것이 이 책의 목적이다. 주요 내용으로 애착이론의 발달과정과 애착이론의 구조를 이루고 있는 개념들을 소개하였으며 애착을 측정하기 위한 주요 측정도구들을 소개하였다. 그리고 심리학을 처음 접하는 사람들을 위해 생소하다고 생각되는 용어들은 각주로 처리하여 이해를 도왔다.

저자 역시 심리학을 처음 접하고 애착이론을 처음 접했을 때 생소한 단어들과 기본적이지만 저자 본인에게는 어려웠던 심리학 개념들을 숙지하느라 많은 시간을 보냈다. 하지만 애착이론을 처음 접하면서 나 자신의 행동 특징들이 어디에서 왔는지, 보다 나은 인간관계는 무엇이 좌우하는지 알아간다는 것이 흥미 있었다. 그리고 현재는 애착이론을 강의하는데 그치지 않고 우리 사회의 보다 밝은 미래를 위해 임산부와 영아기 자녀를 둔 엄마들이 자녀와 안정된 애착관계를 형성하도록 돕기 위한 실제적 프로그램 개발과 연구를 지속하고 있다.

혹시 저자와 비슷하게 애착이론을 처음 접하는 독자들에게는 이 책이 많은 도움이 되리라 확신한다. 반드시 연구 목적이 아니더라도 독자들의 관심사와 전공 분야에 새로운 시각을 부여하거나 자신을 이해하는 계기가 될 수 있기 때문이다. 또한 연구를 목적으로 이 책을 접한 독자들에게도 애착이론의 기본 개념을 확인하고, 지금까지의 애착연구 과정을 이해하여 향후 연구의 방향을 모색할 수 있다는 점에서 유용한 자료로 활용될 수 있으리라 믿는다. 이 책을 읽는 모든 독자들에게 애착을 접하는 행복과 연구의 진보가 함께하길 바란다.

대전 하기동에서
한국애착연구소장 유 중 근

차례

CHAPTER 3 애착이론의 확장

CHAPTER 4 애착이론의 심층구조

CHAPTER 1
애착
: 관계의 심리학

애착
: 관계의 심리학

| 관계적 존재로서의 인간 |

인간(人間)이라는 한자적 의미에서 알 수 있듯이 인간은 '사람(人) 사이
(間)' 즉 관계적 존재이다. 특히 사람과 사람 사이에서 인간은 비로소 자신
이 인간이라는 정체성을 발견한다. 유태인 철학자였던 마틴 부버(Martin
Buber, 1878~1965)는 이러한 인간의 관계적 본질을 '나와 너' 라는 책을 통
해 다음과 같은 조건들을 제시하며 설명했다.

- 인간은 개인으로 존재하지 않는다. 또한 집단으로도 존재하지 않는다.
- 개별적 인간으로서의 '나'는 나와 너 사이에서만 존재를 확인할 수 있는 사
  이적(between) 존재이다.
- 결국 '나'라는 존재는 오직 '나−너'의 관계 속에 있는 '나'이거나 '나−그것'의
  관계 속에 있는 '나'이다.
- 관계를 떠난 '나' 그 자체는 존재하지 않는다.

결국 '나'라는 존재가 인간으로서 의미를 갖는다는 것은 대상과의 관계 속에서 나의 위치와 기능, 역할, 영향력 등과 같은 역동적인 에너지가 상호작용 가운데 독특한 나만의 방식을 만들어 내기 때문에 '나'로서 존재하는 것이다.

인간이 관계적 존재라는 것은 성서에서도 찾아 볼 수 있다. 출애굽기의 내용 중에는 모세가 창조주의 이름을 물었을 때 창조주는 자신을 'יהוה(야훼)', 곧 '나는 스스로 있는 자'라고 표현한 사실을 기록하고 있다. 이것은 신과 인간의 존재적 차이점을 말한 것으로 신은 창조주로서 (대상의 존재와 상관없이) 독립적으로 존재가 가능하지만 인간의 존재는 피조물로서 창조주뿐만 아니라 다른 만물들(대상)과의 관계성이 필연적이라는 사실을 간접적으로 표현하는 대목이다.

다시 말해서 '스스로 있는 자'라는 표현은 신의 독특한 특성으로서 만물이 존재하기 이전부터 존재해 왔다는 지속성과 절대자로서 만물의 존재와 상관없이 홀로 존재할 수 있는 독립성을 함축하는 표현이다. 특히 '스스로 있는 자'라는 표현 속에는 시작과 끝이 없다는 영속성의 의미도 유추할 수 있기 때문에 인간 존재의 양식에서 필수적인 시간과 공간이 초월된 상태라는 것을 이해할 수 있다.[1]

반면에 인간은 태어나는 시작점이 있고 죽는 끝이 있다. 즉 시간의 한계성을 가지고 있으며 육체라는 물리적 속성을 가지기 때문에 공간을 초월할 수도 없다. 결국 인간이란 주어진 시간과 공간이라는 함수의 교차점에서

---

1) 시간과 공간은 마치 동전의 양면과 같으며 특수상대성이론에 따르면 시공간은 맞교환도 가능하다. 시간을 초월할 수 있다면 공간도 초월할 수 있다. 우주의 공간이 영원하다는 것은 곧 시간의 영원성 또는 초월의 가능성을 암시하며 창조주의 존재방식에 대한 물리학적 설명이기도 하다.

끊임없이 타자와의 관계를 가지는 '사이적(between)' 존재이다. 그러므로 인간은 태어나는 순간부터 타자와 환경 그리고 자기 자신과 관계하며 살아간다.

사실 이 땅 위에 존재하는 모든 만물은 존재하는 '그 순간' 세계와 관계하는 것이 존재적 운명이기 때문에 인간만 관계적 존재라고 말하기는 어렵다. 그러나 인간이 '관계적 존재'라고 말하는 것은 물리적 존재로서 세계와 관계하고 있는 인간의 모습을 강조하고 있는 표현이라기보다는 오히려 보이지 않는 인간의 내면세계 사이의 관계에 초점을 두는 심리사회적인 모습을 다루고 있다고 할 수 있다.

분명 물리적 시각에서 사람을 본다면 사람과 사람 사이에는 아무 것도 없는 '무(無)'의 상태로 보인다. 그러나 만약 사람과 사람 사이가 아무 것도 없는 '무'의 상태라면 세상은 사람 모양의 인형들이 서로 모여 있는 것과 다를 것이 없다. 하지만 인간 사이에는 보이지 않는 많은 정신적인 에너지가 정보와 자극으로 전달된다. 굳이 인간 상호간의 의미 있는 친밀 관계가 아니더라도 상대의 존재를 인식하는 자체가 정신적 에너지가 인간 사이에서 작용한다는 의미이다.

연인 간의 말없이 주고받는 암묵적인 사랑의 표현에서부터 고도의 이론적 상호작용이 필요한 과학자들의 대화에 이르기까지 인간의 관계적 특성에서 일어나는 모든 현상은 인간 사이에서 역동하는 정신 에너지의 결과라고 할 수 있다. 이렇듯 인간은 상호간에 정신적인 에너지를 물리적인 빈 공간에서 주고받는다. 그리고 그 에너지와 정보는 사람으로 하여금 생각을 하게도 하고 감정을 불러일으키기도 하며 동기와 의지를 만들어 행동으로 에너지를 가시화시키기도 한다. 때로는 긍정적인 발전을 가져오면서 '사람 사이

(人間)'를 더 가깝게 만들기도 하지만 반대로 부정적으로 작용하여 '사람 사이(人間)'를 더 멀어지게 만들기도 한다. 그리고 그 정신 에너지의 질에 따라 개인의 내적인 심리상태는 더 윤택한 상태로 성숙하기도 하지만 반대로 심각한 심리장애를 만들만큼 파괴적으로 발전하기도 한다.

예를 들어 엄마(또는 아빠)와 자녀의 사이에서 좋은 감정의 교류가 이루어지고 칭찬의 말과 격려의 말이 오간다면 자녀의 심리상태는 안정되고 윤택하여 성숙한 인격이 형성될 것이다. 하지만 반대로 엄마(또는 아빠)의 욕구를 충족시키기 위해 자녀에게 완벽하기를 요구하고 잔소리와 욕설이 오가며 양육자의 감정에 따라 자녀 학대가 오간다면 분명 그 자녀는 불안정한 심리상태를 가질 확률이 매우 높아지게 될 뿐만 아니라 심각한 경우 심리장애와 자살 확률도 증가시킬 수 있다.

실제로 '치명적인 애착(Fatal Attachments)'을 저술한 멕키(Mecke, 2004)는 자살의 이면에는 자살을 부추기는 치명적인 애착관계가 있다고 설명했다. 저자는 그의 책 서두에서 5살짜리 어린 아이의 자살사건을 통해 부모와의 치명적인 관계가 미치는 영향을 다루면서 비록 사람 사이가 물리적으로는 빈 공간이라고 할지라도 관계의 정신적 에너지가 치명적일 경우 공격을 받는 대상이 얼마나 파괴적으로 바뀔 수 있는가를 적절하게 설명했다.

이와 같이 인간 존재는 인간 사이에 내재하는 '관계의 질'에 따라 서로 다른 '존재의 질'을 갖게 된다. 인간은 세상 밖으로 나오기 전 태내기 시점부터 이미 관계의 끈으로 모체(母體)와 연결되어 관계에 대하여 배울 뿐만 아니라 출생 후에도 엄마와 애착관계를 형성한다. 그리고 성장과 더불어 다양하고 복잡한 인간관계 속에 서로 얽혀 있으면서 관계의 질과 존재의 질을 변화시켜간다. 다시 말해서 새로운 관계경험에 따라 마음이 달라지고 생각이 달라지면서 자신의 존재도 변하는 것이다.

실제로 우리의 뇌는 새로운 경험과 환경에 따라 유동적으로 성장하기도 하고 쇠퇴하기도 하는 변화를 갖게 되는데 이를 '**뇌의 가소성**(brain plasticity)'이라고 부른다. 인간 사이의 새로운 경험에 따라서 존재의 질이 바뀔 수 있다는 사실을 신경과학에서 밝혀낸 것이다. 결국 지속적으로 변화하는 관계 형태가 존재를 대변하는 셈이다. 그런데 중요한 것은 임신기와 인생 초기의 애착관계를 통해 한 번 형성된 뇌의 구조를 바꾸는 것은 쉽지 않다는 것이다. 왜냐하면 애착 형성 이후 새로운 대상과의 관계에서는 초기 애착 관계에서 이미 구조화된 익숙한 패턴을 바탕으로 뇌의 회로가 활성화되기 때문이다. 결국 관계가 지속되고 새로운 관계가 연결될수록 익숙해진 애착관계의 패턴은 강화되며, 계속 축적되는 똑같은 관계의 질이 부정적일수록 존재의 질 또한 정상적인 범위를 벗어날 확률이 높게 된다.

이러한 의미에서 초기 애착관계의 질은 이후의 관계의 질에 매우 중요한 역할을 한다. 뇌의 가소성으로 인해 구조화된 뇌의 회로를 변화시킬 수 있는 가능성은 존재하지만 새로운 경험에 익숙해지고 재구조화되는 과정은 쉽지 않은 일이다. 그러므로 개인이 어떤 인간 관계패턴을 가지고 있는가를 추적하는 것은 현재 개인이 가지고 있는 심리상태에 대한 이해를 좀 더 쉽게 할 수 있도록 도움을 줄 수 있다. 모든 부정적인 관계경험이 심리적 장애를 야기한다고 말할 수는 없지만 부정적인 관계의 질은 나 자신과 타인에게 불편함을 주는 연결고리임에는 틀림없다.

| 사회적 시냅스(social synapse) |

미국 페퍼다인 대학의 교수인 코졸리노(Cozolino, 2006, 2014) 박사는 인간이 세계와 관계하는 존재적 특성을 '**사회적 시냅스**(social synapse)'라는 개념으로 표현하였다. 인간의 뇌에는 뉴런이라는 신경세포가 시냅스라고 불리는 미세한 빈 공간을 사이에 두고 서로 연결되어 있다. 이 물리적인 공간에서 뉴런은 다양한 신경전달물질을 긴밀하게 전달하면서 인간이라는 전체구조에 영향을 미친다. 뉴런은 신경전달물질이 보내는 화학적 신호에 따라 상호간 소통하면서 활성화되어 감정을 일으키기도 하고 육체의 행동에 영향을 미치기도 한다.

예를 들어 자전거를 처음 타는 사람의 뇌에서는 다양한 기능이 작동하도록 준비한다. 앞을 볼 수 있는 시각적 기능과 함께 중심을 잡아야 하는 평형적 기능, 힘차게 페달을 밟아야 하는 운동기능, 주변의 위험을 감지해야 하는 청각기능, 방향을 결정해야 하는 판단기능, 처음 접하는 경험에서 오는 긴장과 두려움을 느끼는 감정기능 등 뇌의 각각의 기능이 서로 전체적 조화를 이룰 수 있도록 각 기능을 담당하는 뉴런들이 끊임없이 감각기관을 통해 들어오는 자극들을 해석하고 시냅스를 통해 정보를 주고받아야 자전거를 타는 하나의 행동을 완성할 수 있다.

사회적 시냅스는 이러한 뇌의 특징이 확장된 개념이라고 할 수 있다. 즉 인간은 인간 '사이(synapse)'의 관계에서 서로 주고받는 다양한 정신적 소통(신경전달물질)을 통해 조화를 이루고 인간이라는 뉴런 개체의 연결망으로서 가족과 사회를 이루고 있다는 의미이다(Cozolino, 2006, 2014).

인간은 상호간의 소통을 통해 복잡한 사회를 이해하고 환경에 적응하

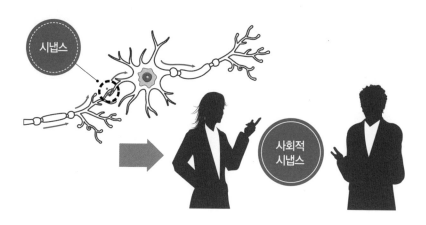

그림1-1. 신경세포 시냅스와 사회적 시냅스

며 미래를 예측하기도 한다. 특히 애착 대상[2]과의 인생 초기의 애착 경험은 아동기 이후의 삶에서 경험되는 보다 복잡한 인간관계와 세계를 이해하고 예측하기 위한 틀을 제공해 준다. 이렇게 인생 초기의 애착 경험에서 만들어지는 애착대상과의 관계방식은 인간은 물론 사물과 환경, 심지어 종교적 신앙에 이르기까지 같은 패턴의 관계방식을 사용하여 관계의 대상을 분류하고 이해하며 예측하게 하는데 이것은 애착대상과의 관계에서 형성된 사회적 시냅스의 소통 방식과 일치하게 된다. 이러한 소통 방식이 자리 잡기까지 실제 뇌에서는 뉴런의 연결망이 조직되면서 그러한 소통방식이 일어나도록 신경전달물질을 교환하게 된다. 결국 뇌 속에 있는 시냅스 소통 방식의 외적인 표현이 바로 사회적 시냅스의 소통방식이라고 할 수 있다(Schore, 1994; Siegel, 2001).

---

2) 본서는 '애착대상', '주 양육자'를 혼용하여 같은 의미로 사용하였다. 애착관계에서 아동에게 돌봄을 제공하는 대상으로 일반적으로 엄마가 그 기능을 담당한다.

다시 말해서 사회적 시냅스에서 경험된 인간관계의 자극은 고스란히 뇌의 뉴런 사이의 시냅스에서 그 경험에 따른 화학적 신호가 반복적으로 전달되고 기억으로 저장된다. 특히 초기의 애착관계에서 형성된 애착 경험의 기억은 주 양육자와의 반복적인 관계 패턴이 강화되어 **과정기억**(procedural memory)으로 자리 잡게 된다. 과정기억의 특징은 기억으로 저장된 내용이 무의식적으로 떠올려지고 자동적인 행동으로 작용한다는데 있다. 마치 오래 훈련된 테니스 선수가 공이 날아 올 때 무의식적으로 자세의 기억을 떠올리고 자동적 행동으로 그 숙련된 자세를 취하는 것과 같다. 선수는 자세의 전 과정을 생각의 기억으로 떠올리지 않는다. 단지 몸의 기억으로 떠올리고 자세를 취할 뿐이다.

애착관계에서 형성된 기억 역시 마찬가지로 과정기억에 속한다. 사람들은 초기 애착관계에서 형성한 같은 방식으로 서로 다른 사람들과 관계하며, 사물과 환경과 신앙에 반응한다는 것을 알아차리지 못한다. 애착기억은 무의식적이고 자동적인 기억이기 때문이다. 다시 말해서 애착관계를 통해 형성된 신경회로는 같은 패턴의 화학적 신호를 보내면서 뉴런의 시냅스에서 동일하게 작용하여 애착의 초기 관계 경험을 강화한다. 그리고 인지, 감정, 행동의 모든 영역에 영향을 미치며 표현된다. 이러한 사실을 바탕으로 심리학은 인간의 뇌가 철저하게 경험을 통해 발달하는 사회적인 장기(social organ)라는 사실을 다양한 연구를 통해 밝혀내었다. 특히 애착이론과 연결하는 많은 연구에서 인간과의 관계를 통해 환경에 적응해 가는 애착경험이 인간의 뇌가 발달하는데 핵심적으로 작용한다고 보고한다(Cozolino, 2002; Schore, 1994, 2003; Swain et al., 2007).

| 사회적 항상성(sociostasis) |

우리의 몸은 세포 간의 유기적인 관계를 유지하면서 외부 환경의 변화에 상관없이 안정적이고 균형적인 상태를 유지하려는 특수한 시스템을 가지고 있다. 이러한 시스템을 '**항상성**(homeostasis)'이라고 부른다. 가장 일반적인 예시가 체온이다. 우리가 음식을 섭취하게 되면 그 중 포도당, 아미노산, 지방산 등과 같은 영양소는 미토콘드리아라는 우리 몸속의 세포소기관으로 이동하는데 이 때 호흡으로 얻은 산소와 결합하여 그 영양소를 태우면서 에너지원이 되는 열과 힘을 얻게 된다. 그래서 미토콘드리아를 우리 몸의 발전소라고 이야기한다. 이 때 얻은 열은 우리 몸의 체온을 형성하는데 환경의 변화에 상관없이 신체를 가장 건강하게 유지하기에 적정한 온도인 36.5도를 일정하게 유지하려고 한다.

추운 겨울에는 체온이 내려가지 않도록 땀구멍을 닫고 닭살이 돋으면서 몸이 떨고 혈관이 수축되며 맥박이 느려진다. 반대로 더운 여름이 되면 체온이 올라가지 않도록 땀구멍을 열어 땀을 배출시키고 혈관을 확장시키며 맥박이 빨라진다. 이러한 모든 체온에 관한 몸의 작용은 일종의 체온감지 센서 역할을 하는 시상하부의 체온조절중추가 담당한다(그림1-2 참조). 즉 체온조절중추의 통제에 따라 발열량이 많게 하거나 적게 하여 적절한 체온을 일정하게 유지하는 것이다.

그 뿐만 아니라 항상성의 시스템은 우리 몸이 최적의 상태를 유지할 수 있도록 특정 정서를 일으켜 내적상태를 조절하기도 한다. 이 때 사용되는 정서를 '항상성 정서(homeostatic emotions)'라고 부른다(Craig, 2008). 예를 들어 목이 마르거나 배가 고플 때 느끼는 정서들은 몸을 최적의 상태로 만들기 위한 행동을 일으키는 동기로 작용한다. 특정 행동을 통해 몸이 필요로 하는 수분이나 영양소를 섭취하도록 하여 몸을 유지하도록 돕기 때문이다. 심지어 우리가 느끼는 '고통' 또한 몸을 최적의 상태로 유지하기 위한 정서 반응이라고 보는 견해도 있다(Craig, 2003).

이렇게 몸의 시스템이 내·외부의 조건에 관계없이 안정적인 상태를 유지하도록 만드는 일관적인 균형의 힘이 바로 '항상성(homeostasis)'이다. 그런데 이러한 항상성의 원리는 우리 몸에서만 일어나는 것이 아니다. 인간의 마음의 세계, 특히 정서의 세계 역시 항상성의 원리를 따라 작용한다. 신체가 필요로 하는 일정한 온도가 36.5도의 체온이듯, 인간의 마음이 요구하는 일종의 감정적인 안정 상태를 유지하려는 항상성의 힘이 감정 세계에도 동일하게 작용한다. 즉 인간의 마음에는 **정서적 항상성**(emotional homeostasis)'을 통해 감정의 균형 상태를 유지하려는 힘이 작용한다는 의미이다.

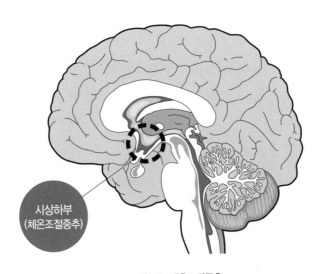

시상하부
(체온조절중추)

그림1-2. 체온조절중추

예를 들어 건강한 마음상태에서는 짜릿한 감정을 느낄 수 있는 사건을 경험하였다 할지라도 일정시간이 지나면 흥분된 상태가 진정되어 다시 일상의 정서 상태로 돌아가게 된다. 반대로 힘들고 어려운 일을 경험하였다 할지라도 위기가 정리되고 위로를 받게 되면 역시 평상시의 감정 상태로 돌아온다. 다시 말하면 외부 조건의 영향을 받지만 정서에 대한 항상성의 힘은 안정적인 정서 상태를 유지하여 마음의 균형을 잃지 않도록 돕는다. 그래서 우리에게 주어진 현실세계를 일정한 패턴을 가지고 건강하고 안정적으로 살아가도록 유도한다.

관계적 인간은 이러한 항상성의 조절력을 자기 내에서만 사용하려고 하지 않는다. 다양한 인간관계로 구성된 사회 공동체 역시 일종의 시스템으로 그 구성원인 인간은 상호 간의 균형을 이루기 위해 관계 가운데 서로에게 영향을 미치며 항상성을 유지하려고 애쓴다. 인간은 상호 간의 눈 맞춤 만을 통해서도 상대방에게 어떻게 행동해야할지 시각적인 정보를 분석하고 저장된 과거의 과정기억을 무의식적으로 떠올리면서 항상성을 유지하는 행동을 선택한다. 상호 간의 관계가 처음일수록 인간은 모든 감각기관으로부터 오는 자극 정보에 더욱 민감하게 반응하게 되며 관계의 균형을 깨지 않도록 융(Carl G. Jung, 1875~1961)이 제시한 외적인 인격인 페르소나에 의존하며 항상성을 유지한다. 다시 말해서 사회적 시냅스를 통해 연결된 두 개인은 관계를 통해 자신들의 안정된 체계를 유지하면서 동시에 상대방이 주는 다양한 자극 정보를 통해 상대방의 육체적 행동 체계뿐만 아니라 정서체계 및 인지체계를 이해하고 받아들이게 되는데 이러한 과정은 관계의 균형을 맞추려는 상호 간의 영향력으로서 '**사회적 항상성**(sociostasis)'이라고 불리기도 한다(Cozolino, 2014).

그림1-3. 엄마와 아기의 정서적 교감경로

 사회적 항상성은 모든 인간관계에 나타나는 안정된 관계를 추구하는 정서적 에너지로서 초기 애착은 이러한 사회적 항상성 형성에 매우 중요한 역할을 한다. 예컨대 엄마와 아기와의 관계에서 작용하는 인지, 정서적 영향력은 쌍방적 관계로 주고받게 된다. 애착관계에서 엄마의 보살핌은 아기에게 육체적 성장과 정서적 안정감은 물론 인지적 능력 또한 발달시킨다. 이와 동시에 엄마의 보살핌에 대하여 아기가 보내는 웃음과 몸짓, 소리 등은 다시 엄마에게 정서적 안정감과 만족감을 주게 되어 상호 간에 영향을 주고받게 된다. 결국 아기에게 애착관계의 경험은 사회적 항상성을 형성하고 발달시키는 기틀이 된다.

 그런데 사회적 항상성은 인간세계에만 국한되지 않는다. 동물 간의 관계에서도 존재하며 심지어 동물과 식물과의 관계에서도 찾아볼 수 있는 자연세계의 이치이기도 하다. 예를 들어 펭귄과 같은 사회성이 강한 동물은 서로 영향을 주고받으며 번식하고 새끼를 양육한다. 포식자가 나타날 경우 서로 방어하면서 무리가 안정되고 일정한 상태가 유지되도록 본능적으로 행동한다. 동물과 식물의 경우도 마찬가지다. 식물은 동물의 양분이지만 동물의 배설물은 식물의 양분이기도 하다. 동물의 산소호흡을 위해서는 식물의 산소공급이 필요하지만 반대로 식물의 광합성을 위해서는 동물의 호흡에서 나오는 이산화탄소가 필요하다. 그러므로 동식물은 서로 영향을 미치며 공존하면서 자연계의 균형을 이루고 있는 것이다. 비록 물리적으로 떨어져 있는 관계(사회적 시냅스)이지만 개체 간에 서로 영향을 주고받으며 자연계의 시스템을 안정적으로 유지하려는 본능적이고 자연적인 관계적 특징이 바로 '사회적 항상성'이다.

| 관계와 '자기' |

관계 속에서 인간은 상호 역동적이다. 사회적 시냅스를 통해 서로에게 영향을 주고받으며 지속적으로 시냅스의 연결과 단절을 만들면서 인간은 자기를 형성해 간다. 인간은 매 순간 관계 속에서 각자 자기의 방식대로 느끼고, 생각하고, 행동하면서 **주관성**(subjectivity)을 형성해 가는데 이러한 주관성은 행동의 주체로서의 자기개념을 구조화하는데 핵심적인 역할을 하게 된다. 그런데 중요한 것은 주체로서의 자기를 인식하는 것을 가능하게 하는 주관성이 객체와의 관계를 바탕으로 하지 않고는 결코 형성될 수 없다는 것이다. 또한 사회적 항상성을 유지하기 위해 항상 객체를 인식하며 자기를 형성해 간다는 것도 간과할 수 없는 자기 구조화 과정의 특징이다.

이러한 '관계 속의 자기(self)'의 측면에서 볼 때 보울비(Edward John Mostyn Bowlby, 1907~1990)의 애착이론은 대상관계이론에서부터 출발한다. 객체, 즉 환경의 변수를 '자기'의 세계에 적용하지 않고 무의식과 유전적인 영향만을 강조하여 한 개인의 심리학에 머물렀던 프로이트(Sigmund Freud, 1856~1939)의 정신분석은 당시 환경의 영향이 자기의 발달에 영향을 준다고 생각했던 많은 동료 심리학자들에게는 받아들이기 힘든 이론이었다. 결국 정신분석에 반대하는 학자들은 대상(객체, 환경)과의 관계를 중심으로 '자기'의 형성과 발달을 설명하는 이론들을 제시하며 대상관계학파를 형성했다. 즉 현실 속에서의 '자기'는 현실 속 '대상(환경)'과의 관계를 통해 발달한다는 이론적 전제를 다루고 있는 것이다. 그들에 의하면 '대상'이 없는 한 '자기'는 없다고 주장한다. 왜냐하면 대상을 통해 개인은 존재를 인식하고 대상을 내면화하면서 자기를 형성하고 발달하기 때문이다.

결국 초기의 인간관계가 자기를 형성하는데 매우 중요한 요소로 작용한다고 보는 것이다. 거시적으로 자기형성과 발달에 대상과의 관계가 절대적으로 필요하다는 점에서는 보울비 역시 그들 중 하나였다. 특히 엄마와의 초기 관계를 통해 엄마에 대한 정신적 표상[3]뿐만 아니라 자신에 대한 표상을 만들어 관계 속에서 자기에 대한 총체적 이해를 가능하게 하는 것은 대상관계이론에서 대상과의 관계를 통해 자기와 대상을 이해하고 관계의 질에 따

---

3) 표상이란 개인이 주관적으로 관계를 지각하는 경험에서 관계 속 외부 대상에 대한 경험이 심리적으로 구조화된 정신적 이미지를 말하는 것으로 대상을 이해하고 받아들이는 개인의 방식으로 작용한다. 대상이 외부대상일 경우 대상표상이라고 하며 자기 자신일 경우 자기표상이라고 한다. 예를 들어, 엄마는 동일한데 자녀들이 생각하는 엄마에 대한 정신적인 이미지는 각각 다르다. 자녀들이 가지고 있는 엄마에 대한 표상이 서로 다르기 때문이다. 이와 같이 마음속에서 대상을 이해하는 개인의 방식을 표상이라고 한다.

라 자기구조의 질이 달라진다는 면에서 비슷하다.

하지만 대상관계적 측면에서의 자기는 다소 개념적이며 도식화된 자기구조로 설명하려는 성격이 강하다. 예를 들어 대상관계이론의 경우 대부분 프로이트의 무의식에 대한 자기구조의 틀에서 벗어나지 않으며 학자에 따라 자기에 대한 강조점이 달라 서로 다른 자기의 구조를 도식화하며 설명하고 있다. 대상관계이론의 대표적 심리학자이면서 보울비의 수퍼바이저였던 멜라니 클라인(Melanie Klein, 1882~1960)의 경우 프로이트 의 원초아와 자아의 개념을 그대로 유지하면서 환경과의 관계에서 무의식적 공격성과 환상(Fantasy)의 역할이 자기형성과정에 미치는 영향을 강조했으며 도날드 위니캇(Donald Winnicott, 1896-1971)은 '중간대상'의 개념을 도입하면서 참자기와 거짓자기로 자기의 구조를 도식화하였다.

그러나 애착이론의 경우 애착대상(특히 주 양육자인 엄마)과의 실제 관계 경험에서 영아가 애착행위를 통해 능동적으로 선택하는 정서조절(affect regulation) 방식이 주체로서의 자기를 구조화하여 서로 다른 유형을 형성한다고 설명한다. 또한 실험과 관찰을 통해 이러한 자기 구조의 영향이 어떻게 각 유형으로 표출되는지 설명한다. 이러한 사실은 분명 프로이트의 틀에서 벗어났을 뿐만 아니라 대상관계이론과도 다른 입장이다. 애착이론은 주 양육자와의 초기 관계 경험이 자기와 타인에 대한 정신적 표상을 만드는 것은 물론 정서를 조절하는 방식을 형성하고 행동을 선택하는데 영향을 준다고 설명한다. 이는 서로 다른 표상의 성격과 정서조절 방식에 따라 애착의 유형이 달라지며 자기의 성격이 달라진다는 것을 의미한다. 그러므로 엄밀히 말하면 애착이론은 자기의 구조를 설명한다기보다는 오히려 애착관계를 통해 형성된 '자기'가 표출되는 행동방식을 다룬다.

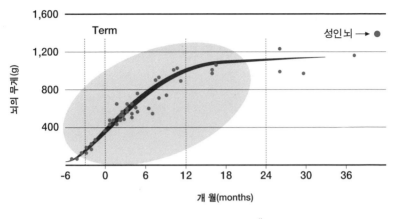

도표1-1. 월령별 두뇌발달[4]

하지만 그 행동방식은 초기 애착관계를 초월한 모든 관계에서의 일관된 패턴으로 작용하여 결국 자기에 대한 발달과정 전체를 유추할 수 있게 한다. 즉 초기 애착관계에서 사용되는 행동방식은 이후의 삶에서 그대로 반영될 확률이 매우 높을 뿐만 아니라 심지어 대를 이어 답습되기도 하여 애착을 통해 자기가 구조화되고 유지되며 심지어 행동양식은 전이된다는 것을 알 수 있다. 또한 임신기간을 포함하여 애착기간의 뇌 발달의 특징을 살펴 볼 때 애착관계를 통한 경험은 뇌가 집중적으로 발달하는 기간의 경험과 일치한다(도표 1-1 참조). 다시 말해서 자기를 형성하기 위한 가장 기초적인 뇌 발달이 애착기간의 관계 경험을 통해 만들어진다는 사실이다. 그런 의미에서 애착 관계는 자기 개념(self-concept)을 형성하고 타인과 세상을 바라보는 세계관을 만들고 환경에 직면하는 대처방식을 배우는 인생의 첫 학교

---

4) 보울비는 애착형성의 핵심 기간을 생후 2년 6개월~3년으로 제시했다. 그림은 뇌 발달의 첫 3년(36개월)의 곡선을 나타내고 있으며 오른쪽 상단부에 성인의 뇌 발달 지점이 표시되어 있다. 그림에 나타난 것처럼 임신 4개월에서 생후 2년의 기간은 전체 뇌 발달의 약 76~82%가 완성된다.

생활이라 할 수 있다. 비록 인간의 발달과정에 영향을 주는 다양하고 복잡한 요인이 있을지라도 초기 애착관계가 자기 발달과정의 중요한 출발점이라는데 많은 학자들은 동의한다(Fonagy et al., 2002; Malekpour, 2007; Schore, 1994; Sroufe, 2005).

| 애착: 자기형성의 심리학 |

심리학적으로 **애착**(attachment)이란 영아가 생존하기 위해 애착대상과 물리적으로 그리고 정서적으로 가까이하려는 행동체계를 말한다. 다시 말하면 애착이란 주 양육자와의 관계 방정식인 셈이다. 정신분석적 입장에서는 굳이 인간의 심리를 설명하는데 애착대상 즉 외적인 대상을 필요로 하지 않는다. 물론 추동(drive)이 향하는 목표물을 대상이라고 말할 수도 있겠지만 실체를 가진 대상과의 관계를 다룬다고 보기는 어렵다. 반면에 애착이론은 주 양육자와의 관계를 다루는 대인관계 심리학이다. 특히 인간이 태어나서 가장 먼저 접하는 대상으로서의 주 양육자와의 관계를 다룬다는 점에서 '인간관계' 자체의 시작은 애착에서부터 발전한다고 말할 수 있다.

인간의 애착은 단순히 위험한 환경에서 보호를 받기 위해 본능적으로 애착대상에게 의존하는 유착 경향성을 넘어선다. 또한 낯선 환경에 대한 불안과 두려움을 달래기 위한 인간의 본능적 반응 그 이상이기도 하다. 왜냐하면 앞서 설명한 바와 같이 애착을 통해 인간은 세계를 이해하는 세계관을 형성함과 동시에 자기를 이해하는 자기 개념을 만들어가기 때문이다. 그러므로 애착관계가 잘못되면 유아는 세계에 대한 왜곡된 이해가 발달하게 되며 자기에 대한 부정적 시각을 형성할 확률이 높게 된다.

이러한 잘못된 인지발달의 중심에는 **정서**(affect)라는 커다란 변수가 있다. 불안정한 애착관계로 인해 정서조절이 실패하게 되면 인지적인 이해가 바르지 못하게 된다. 왜곡된 인지발달은 다시 잘못된 정서조절을 강화한다. 정서가 조절되지 못하면 잘못된 동기가 작용하기 쉽고 그에 따라 부적응적 행동을 일으킬 확률도 높아진다. 따라서 정서의 세계를 이해하지 못하고 정서를 조절하는 원리를 알지 못하면 애착과정에서 구조화되는 세계관과 자기형성에 대한 이해가 어려워진다. 다시 말하면 자녀의 정서조절 양식은 부모와 자녀가 어떤 애착관계를 형성해 왔는지 이해할 수 있는 기준이 된다.

예컨대 감정의 기복이 심한 부모의 양육 환경 아래서 자란 자녀의 경우 자신의 감정을 이해하거나 표현하는데 어려움을 겪을 수 있다. 이러한 자녀는 과도하게 감정을 남용하여 타인의 감정을 올바로 이해하기도 힘들 뿐만 아니라 안정감을 찾지 못해 부적절한 행동을 통해 감정을 표현할 수도 있다. 그리고 과도한 감정의 사용은 올바른 인지과정으로 생각을 떠올리기보다 감정에 치우친 주관적인 생각으로 세상을 바라보기 때문에 자기와 타인에 대한 왜곡된 표상을 갖기 쉽다. 정서를 조절하는 방식을 부모와의 관계에서 경험할 기회가 적어 안정적인 상태에서 자기를 바라보거나 타인의 의도를 이해해보지 못했기 때문이다.

반대로 부모가 감정이 메마르고 자녀의 감정이나 요구에 민감하게 반응하기보다 자신의 일이나 관심사가 우선되어 자녀를 돌보는 것을 뒷전으로 미루거나 회피하는 경우, 자녀 역시 감정을 공감하거나 타인의 입장을 이해하는 것이 어려울 수 있다. 또한 자기중심의 인지발달을 통해 융통성이 떨어

도표1-2. 정서조절과 자기형성

지는 차가운 인간관계를 형성할 가능성이 높다. 부모와의 애착관계에서 감정을 공감하거나 사용하는 법을 배우지 못했기 때문이다.

 그러므로 인간관계는 곧 정서의 관계라 할 수 있다. 상대방이 보내는 시그널을 인지하고 정서적으로 반응하는 방식에 따라 대등하고 협력적인 관계를 형성할 수도 있지만 반대로 자기중심적이거나 타인의존적인 관계를 형성할 수 있다. 자기중심적일 경우 정서의 올바른 사용 폭은 좁다. 그래서 타인을 정서적으로 이해하는 능력이 부족하여 상대의 감정을 공감하거나 감정으로 자신을 나타내는데 서툴다. 반면에 타인의존적일 경우 정서의 사용 폭이 넓다. 타인의 정서에 과도하게 민감한 반응을 보이며 쉽게 상처를 입기도 한다. 이러한 이유는 애착관계를 통해 형성된 **내적작동모델**(internal working models)[5)]이 주 양육자와 가졌던 동일한 방식으로 상대방의 시그널을 인지하고 정서적으로 반응하게 만들기 때문이다.

 애착으로 형성된 관계반응 양식은 인간의 행동 전반에 걸쳐 표출된다. 각

---

5) 엄마와의 애착관계를 통해 형성되는 '관계'에 대한 정신적 표상(mental representation)으로 인간관계를 예측 가능하게 한다. 내적작동모델은 자기와 타인/세계에 대한 인지적 정서적 이해과정이 포함되어 있는 세계관으로 작용하며 초기 애착기간에는 적응적이고 유연하게 구조화되지만 발달과정을 거치면서 안정되어 모델의 구조적 변화는 어렵다.

개인이 왜 자신이 하던 같은 방법으로 타인을 사랑하고, 느끼고, 행동하는 지에 대한 이유가 애착관계에 있다는 의미이다. 그러므로 애착은 개인이 세계와의 관계에서 반응하는 법을 배우는 시작이다. 주 양육자, 특히 엄마와의 인생의 첫 관계를 통해 자기를 이해하고 타인과 세계를 이해하는 방법을 신경세포의 시냅스 연결과 수초화(myelination)[6]로 구조화하여 이후 관계에서 사용하는 과정이 바로 **애착**이다.

애착이론은 주 양육자의 돌봄, 특히 '**모성의 결핍**(maternal depriva-tion)'이 영아의 자기 발달에 얼마나 큰 영향을 주는지에 많은 관심을 둔다. 그리고 이러한 애착이론의 관심사는 현 시대의 뇌 과학과 연계하여 지속적으로 연구되고 있다. 지금까지의 많은 애착 연구 자료들이 자기의 기원과 발달을 애착대상과의 초기 애착관계에서 일어나는 사회적 시냅스를 중심으로 다루었다면, 현재 진행되는 연구들은 신경과학적 입장에서 뉴런 사이의 시냅스를 중심으로 어떻게 애착과정이 자기 형성에 영향을 미치는지 과학적 결과들과 함께 소개되고 있다(Schore, 1994; Cozolino, 2006, 2014).

하지만 앞으로의 애착이론은 인간 내면세계로서의 '자기'에서 인공지능에 입각한 '자기'로 관심사가 확장될 가능성이 높다. 애착이론의 구성적인 개념을 인공지능 분야와 접목할 수 있는 가능성을 확인하였으며(Petters, & Beaudoin, 2017; Petters, & Waters, 2010; Petters, 2004), 이미 인공지능 분야에서 인간이 가지고 있는 '자기'의 기능(인지, 정서, 동기 등)을 다루고 있으며, 심지어 인간과 로봇의 정서적 유대감에 대한 연구(Samani, & Saadatian, 2012; LaGrandeur, 2015)까지 제시하고 있기 때문이다.

---

6) 신경세포의 전기적 정보를 보다 빠르게 다음 세포에 전달하기 위해 지방질의 절연물질로 신경세포의 축색돌기를 감싸는 과정을 말한다. 수초화가 잘 형성될수록 정보전달이 빨라지게 된다.

CHAPTER 2
애착이론의 발달

CHAPTER 2

애착이론의 발달

| 보울비의 생애와 애착이론의 시작 |

애착이론의 창시자는 영국의 심리학자이자 정신과 의사였던 **존 보울비**이다. 보울비는 영국의 중상류층의 집에서 태어나 유복한 생활을 하며 어린 시절을 보냈다. 육 남매 중 넷째로 태어난 보울비는 위로 두 명의 누나와 형인 토니(Tony) 그리고 아래로 남동생 짐(Jim)과 여동생 에블린(Evelyn)과 함께 전형적인 영국의 상류층 생활방식으로 부모보다는 보모에 의해 양육을 받으며 자랐다. 그의 아버지인 앤소니 보울비(Anthony Bowlby, 1855~1929)는 당시 왕실의 외과 주치의였기 때문에 항상 분주하여 자녀들을 잘 돌보지 못했으며 그의 어머니 또한 그의 나이 8세에 별세하여 보울비에게는 부모의 애정이 항상 부족하였다.

주 양육자에 대한 그의 불운은 어머니와의 이별에서 그치지 않는다. 사실그는 어머니보다 보모에게서 보다 많은 애정을 받으며 자랐고 동시에 애착관계를 보모와 형성하였는데 그의 나이 4살 때 그녀가 사직하면서 보울비

곁을 떠나게 되었다. 그가 장성한 후 그의 고백에 따르면 당시 보모와의 이별은 엄마를 잃은 충격과도 같았다고 말하고 있다. 결국 그의 나이 4살 때 보모와 이별하였으며, 8살 때 어머니를 잃었다. 이러한 그의 어린 시절의 배경은 애착이론이 탄생하게 된 충분한 동기로 작용하였다고 볼 수 있다.

그는 이후 제2차 세계대전을 겪으면서 정신과 의사로서 군의관으로 활동하기도 하였지만 그의 '애착'에 관한 관심은 케논베리 아동정신병동(the London Child Guidance Clinic)에서의 연구에서 두드러지게 나타났다. 특히 그는 어린 시절에 겪었던 '모성 결핍'을 연구의 주제로 정하였는데 '모성 결핍'이 주는 부정적인 애착경험이 아동의 역기능적 행동발달과 관계가 있을 것이라고 추측했기 때문이다. 1936년 그는 **'44명의 아동청소년 도둑들'** 을 대상으로 애착이론에 대한 그의 생각을 확인하기 위해 획기적인 연구를 진행하였다. 절도범 이력을 가진 44명의 아동청소년들과 범죄에 대한 이력은 가지지 않았지만 정서 문제 때문에 같은 병원에 오게 된 다른 아동청소년 44명을 비교하여 가정배경의 영향과 그에 따른 성격형성의 변화를 살펴보기 위한 목적이었다(Bowlby, 1944).

연구에 참여한 아동청소년들은 먼저 심리학자들에게서 지능검사를 받았고 아울러 정서적 태도에 대한 측정도 이루어졌다. 동시에 사회복지사들은 아동청소년들의 초기 어린 시절에 대한 세부적인 정보를 얻기 위해 부모와의 인터뷰를 진행하였다. 그리고 심리학자들과 사회복지사들에게서 각각 받은 자료들을 가지고 보울비는 연구에 참여한 아동청소년에 대한 인터뷰를 진행하였는데 이 때 인터뷰는 해당 아동의 부모 한 명을 동반한 상태에서 진행되었다.

결과적으로 그는 3년간의 연구에서 절도 이력을 가진 44명의 아동청소년들 중에 **17명(38.6%)**이 5세 이전의 어린 시절에 6개월 이상의 긴 기간 동안 주 양육자와의 '분리'를 경험했다는 사실과, 절도 이력이 없는 44명 중에는 단지 **2명(4.5%)**만 주 양육자와의 '분리'를 경험했다는 사실을 밝혀내었다.

특히 분리를 경험했던 17명 중 '무정서' 그룹에 속한 아동은 무려 12명으로 전체 '무정서' 그룹의 86%에 해당하는 아동 청소년이 '분리'를 경험했다는 사실에서 보울비는 충격적이었다. 그는 절도 이력을 가진 44명을 성격적 특징을 기준으로 '정상적인(normal, 2명)', '우울한(depressed, 9명)', '순환성의(circular, 2명)', '과잉행동의(hyperthymic, 13명)', '무정서적인(affectionless, 14명)', '분열성의(schizoid, 4명)' 등 여섯 그룹으로 나누었는데 그 중 **'무정서(14명, 32%)'**가 가장 높았으며 그 다음은 **'과잉행동(13명, 29.5%)'**이었다. 결국 그들 중 많은 경우에서 어떠한 죄책감이나 후회를 느끼지 않는 무정서 사이코패스를 가지고 있거나 지속적으로 과잉행동과 관련하여 문제를 일으키고 있다는 것을 알 수 있었다.

뿐만 아니라 절도 이력을 가진 아동의 경우 그들의 부모 역시 심각한 정서적 혼란과 함께 역기능적 행동과 태도를 보이고 있다는 것을 밝혀내었다(Bowlby, 1944). 일부 엄마들의 경우 극도의 불안과 우울증, 알코올 중독 등의 정신질환을 가지고 있었으며, 다른 이들은 폭력적이거나 잔인하거나 비도덕적인 태도 등이 두드러지게 나타났다. 또한 극도의 심리적 불안정으로 질투와 함께 아동학대 및 동물학대를 보이는 엄마도 있었으며 심지어 일부는 자녀 사망에 대한 비난으로 "아기 대신 네가 죽어버렸으면 좋겠다"고 표현하기도 했다. 이와 같이 연구를 통해 보울비는 아동의 정서와 행동이 부모의 정신적 환경과 밀접하게 상호작용하고 있다는 사실을 제시했다.

이 연구로 인해 훗날 보울비는 세계보건기구(WHO)로부터 2차 대전의 여파로 유럽 지역에서 가정을 잃은 아동의 정신건강실태를 조사하는 책임자로 참여해 줄 것을 제안 받게 되었다. 세계보건기구에서 요청한 이 연구는 사실 1948년 UN 주최로 결정되었는데 2차 대전 이후 유럽 지역에서 가족들로부터 분리되어 생활하는 아이들이나 고아원의 돌봄을 받는 아동들의 필요를 분석하기 위해 진행되었다. 애석하게도 이 연구에는 전후(戰後) 피난민들의 상황은 포함되지 않았다.

보울비는 연구를 위한 자료 수집을 위해 6주 동안 프랑스, 네덜란드, 스웨덴, 스위스를 방문했으며, 이후 5주 동안 미국을 방문하여 전문가들을 만나고 연구를 위한 자료를 수집했다. 그는 어린 시절 모성의 결핍이 정신건강과 성격에 영향을 미친다는 결과를 보여주는 자료들을 크게 세 부류로 나눌 수 있었는데 다음과 같은 연구방법적인 차이가 있었다.

- **직접관찰에 의한 연구**
  : 기관이나 시설에 있는 영아들을 직접 관찰하여 연구.

- **회고에 의한 연구**
  : 심리적으로 문제가 있는 청소년이나 성인을 대상으로 어린 시절의 기억을 인터뷰한 연구.

- **추적조사에 의한 연구**
  : 출생 후 첫 2-3년 동안 공공시설에서 자란 아동들을 대상으로 그들의 발달을 추적 조사한 연구.

보울비는 먼저 자료들이 공통적으로 제시하는 모성애 결핍으로 나타나는 현상들을 강조했다. 예를 들면 피상적인 관계, 무정서 또는 감정반응의 결여, 속이는 것과 절도 행위 등이다. 그리고 각각의 세 가지 연구 방법에서 나온 결과들을 분석하고 종합하여 '**모성의 돌봄과 정신건강**(Maternal Care and Mental Health)'이라는 제목으로 엄마와의 관계적 결핍이 어떻게 자녀에게 영향을 미치는지 결과를 발표하였다(Bowlby, 1951).

그는 이 연구를 통해 모성결핍이 아동에게 상당한 부정적 영향(사회성 결여, 감정표현 결여, 집중력 저하 등)을 끼친다는 것을 확인하게 되었으며 특히 전체 연구의 결론으로 **생애 첫 2년 6개월에서 3년** 동안의 애착대상과의 애착 관계 경험이 성격발달의 중요한 핵심 요인임을 제시하였다. 그에 따르면 이 기간 이후의 돌봄은 사실상 효과가 없으며 생후 12개월까지의 기간이 애착 형성을 위한 가장 중요한 핵심적인 기간이라고 주장했다.

1951년 세계보건기구가 이 보고서를 출간하자 당시의 아동병원, 아동과 관련된 시설, 아동에 대한 사회 시스템 등에서 조금씩 변화를 보이기 시작했다. 당시 아동병원 및 시설에서는 위생 및 질병의 전염에 대한 예방 차원에서 부모를 포함한 외부인에 대한 통제가 일반적이었다. 하지만 보고서 출간 이후 어린 아동들이 보다 자주 그리고 보다 긴 시간동안 부모와 함께 병원 및 아동시설에 머물러야 한다는 타당성이 제기되었고, 자녀양육에 대한 인식에도 다양한 변화가 일어나게 되었다. 특히 어린 아동들이 부모의 맞벌이 등으로 종일반 어린이집 등에 혼자 남겨져 부모와 분리되는 것에 대하여 우려를 갖는 시각이 형성되면서 정책적으로 이러한 아동에 대한 인식변화를 이용하려는 시도가 늘어났다(Karen, 1998).

하지만 보울비의 보고서가 주는 더 큰 의미는 바로 그가 이 논문을 통해 애착이론을 실질적으로 소개할 수 있는 기초를 확립하였다는데 있다. 보울비는 세계보건기구의 지원으로 당시 아동의 정신건강을 분석하는데 요구되는 많은 학자들과 전문가들을 유럽과 미국에서 확보할 수 있는 기회를 갖게 되었다. 결국 애착이론을 위한 기초 작업이 스피츠(René Spitz, 1887~1974)와 골드파브(William Goldfarb, 1915~1995)를 포함하는 당시의 아동 전문가들을 통해 보다 효과적으로 연구되었던 셈이다.

주관	세계 보건 기구(WHO)	
선행연구 자료분석	• 839명의 행동장애를 가진 아동들과 그렇지 않은 7만 명의 대조그룹을 조사. • 행동장애 아동의 66%가 역기능 가정 배경, 대조그룹은 12%에 그침.	
자료에 나타난 연구방법	• 직접관찰(Direct Observation): 고아원과 사회보호시설을 직접 조사. • 회고를 통한 조사(Retrospective Study): 인터뷰 내용에 나타나는 행동과 경험의 특징을 조사. • 추적조사(Follow-up Study): 생애 첫 3년을 고아원과 같은 기관에서 보낸 아이들과 그렇지 않은 아이들을 추적하여 조사.	
연구 결과	직접 관찰	• 모성애 결핍 아동들이 보통 아이들보다 육체적, 지적, 사회적 발달이 지체 되었으며 육체적, 정신적 장애를 가지고 있는 확률이 높았다.
	회고 조사	• 인터뷰 상에 나타나는 모성애 결핍의 특징으로 인간관계의 피상성, 감정 표현의 결여, 친구 사귀기의 어려움, 책임전가 또는 핑계가 많았다. • 학교생활의 집중력 저하 등이 나타났다.
	추적 조사	• 생애 첫 3년을 고아원과 같은 기관에서 보낸 아이들과 그렇지 않은 아이들을 추적하여 조사했다. • 모성 결핍의 결과로 기관에서 자랐던 아이들이 지성, 사회적 성숙도, 읽기, 말하기 등의 테스트에서 모두 낮은 점수를 받았다.

표2-1. 모성의 돌봄과 정신건강: Bowlby, 1951

| 영화로 만들어진 애착이론 |

비록 아동전문가는 아니었지만 애착이론의 출발점에 꼭 기억할만한 인물이 있다. 바로 1948년 보울비가 자신의 연구를 위해 고용했던 사회복지사 **제임스 로벗슨**(James Robertson, 1911~1988)과 그의 아내 **조이스 로벗슨**(Joyce Robertson, 1919~2013)이다. 그들은 병원 내에서 치료받던 실제 아동을 촬영하여 **'2살 아이 병원에 가다**(A Two Year Old Goes to Hospital)' 외의 다양한 제목의 단편영화들을 제작하여 애착연구의 확산에 기여했다. 현 시대는 자녀가 병원에 입원할 경우 부모의 방문이 제한되지 않지만 로벗슨 부부가 보울비와 함께 일했던 시대에는 상황이 전혀 달랐다. 병원에서는 엄격하게 부모를 포함한 외부인을 통제했기 때문이다.

그들은 어린 아동이 병원에서 부모와 분리되는 것이 아이에게 어떤 아픔을 가져다주는지 누구보다 잘 알고 있었다. 왜냐하면 남편인 제임스가 보울비에게 고용되기 3년 전, 당시 13개월이었던 그의 딸이 그가 일하게 될 바로 그 병원(Central Middlesex Hospital: 보울비 연구실의 모체)에 6일 동안 입원해 있었기 때문이었다. 그의 부인 조이스는 딸과 함께 병원에 있기 위해 병원 청소까지 자청했지만 받아들여지지 않았다고 고백했다(Milton Senn의 인터뷰, 1977).

결국 로벗슨(제임스)은 보울비의 고용으로 애착이론이 추구하는 주 양육자의 돌봄이 얼마나 중요한지 단편 영화를 통해 시각적으로 보여줌으로서 애착이론의 현실상황 적용에 매우 크게 공헌했다. 하지만 영화가 나오기까지 그는 많은 노력과 어려움을 거쳐야만 했다. 먼저 그는 첫 번째 영화가 나오기까지 3년 동안이나 병원 내에서 아동들을 관찰했으며 그 결과로 주 양육자와의 분리로 인한 애착 단절 과정이 3단계의 과정으로 일어난다는 것을 밝혀내었다.

그가 병원에서 부모와 아동을 관찰하면서 발견한 애착 단절의 첫 번째 반응은 아동의 '저항'이었다. 아동이 병원에 맡겨진 채 부모가 떠나고 나면 아동은 울고, 매달리고, 소리를 지르면서 분리에 대한 불안한 마음을 표현했다. 점점 얼굴에는 두려움과 혼란스러움이 보였고 잃어버린 엄마를 다급하게 찾는 행동을 반복했다. 그리고 누군가 아동에게로 다가오면 그 소리에 불안해하는 행동반응을 보였다. 로벗슨은 이러한 일련의 행동들이 일어나는 과정을 애착 단절의 **'저항 단계'**라고 설명했다.

그는 관찰을 통해 아동이 저항을 시도하며 다시 애착을 되찾으려하여도 분리가 지속되면 아동의 저항은 '절망'으로 바뀐다는 것을 발견했다. 아동은 냉담한 상태를 유지하면서 자신이 가졌던 관심사에 더 이상 흥미를 보이지 않거나, 음식을 거부하는 행동 또는 종종 눈물을 흘리는 모습으로 내면의 절망감을 표현했다. 즉 더 이상 저항하지는 않지만 분리로 인한 슬픔과 두려움이 유지되고 있었다. 로벗슨은 이 과정을 **'절망 단계'**라고 설명했다.

절망이 지속되자 아동은 분리 환경에 적응하는 모습을 보이면서 궁극적으로 이전의 애착 관계를 끊어내는 '단절'의 모습으로 바뀌었다. 부모가 병문안을 와도 더 이상 부모를 아는 사람처럼 대하지 않았으며, 울지도 않았고, 심지어 부모가 떠나도 관심을 보이지 않았다. 그리고 단절과정에서 생긴 아동의 냉담한 모습과 이상 행동은 병원에서의 분리된 생활에서 벗어나 집으로 돌아 온 후에도 지속되어 아동의 태도는 입원 전의 모습과는 완전히 바뀌어 있었다. 로벗슨은 이렇듯 더 이상 애착 관계에서 보였던 유대감을 보이지 않는 분리의 마지막 과정을 **'단절 단계'**라고 설명했다.

1951년 로벗슨은 이러한 자신의 애착 단절에 관한 연구결과를 집약하여 병원 소아과 의사들에게 발표할 기회를 가졌다. 하지만 의사들은 낮은 신분과 연구의 전문성이 떨어진다는 이유로 그의 연구를 받아들여 주지 않았다. 결국 그는 보울비에게 자신의 연구를 영화로 만들겠다고 제안했고, 전문가의 시각에 맞춰 과학적 기준을 최대한 갖추기 위해 영화 속 2살 아이를 무작위로 선정하는가 하면 벽에 걸린 시계를 의도적으로 영화에 노출시켜 규칙적인 관찰이 진행되었다는 단서를 제공하면서 첫 번째 영화를 제작하였다(Bretherton, 1992). 그의 열정과 함께 애착 연구의 새로운 시도라는 착안에서 보울비는 영화 제작 이후 그와 함께 다양한 병원의 의료 전문가들에게 영화를 통해 애착의 중요성을 소개했지만 당시 의사들의 완고한 반발로 인해 상당한 어려움을 겪어야만 했다. 하지만 당시 의료계의 입장도 난처한 상황이었다. 왜냐하면 의사로서 보울비의 위치와 배경은 의료계에서 꽤 유명하고 높았기 때문이었다. 결국 보울비와 로벗슨의 연구에 대해 의사들이 난처한 입장에 처하게 되자 일부 의사들은 보울비와 로벗슨을 떼어 놓으려 애쓰기도 했다(Milton Senn의 인터뷰, 1977).

하지만 그럼에도 불구하고 보울비의 도움과 로벗슨의 열정으로 점차 영화가 다양한 장소에서 소개되어지자 마침내 아주 느린 속도로 소아과 병동을 개방하는 병원이 늘어나게 되었다. 물론 이러한 개방은 보울비의 WHO 연구의 영향으로 인한 인식변화와 함께 확산되기 시작했다. 로벗슨은 개방에 협조적인 병원에서 두 번째 영화인 '**엄마와 함께 병원에 가다**(Going to Hospital with Mother)'를 제작했다. 첫 번째 영화와는 대비되는 작품으로 두 번째 영화는 엄마와 함께 있는 아동이 첫 번째 영화 속의 아동과 얼마나 극명한 차이를 보이는지 설명했다. 이 영화는 샐리(Sally)라는 생후 24개월된 여자아이가 5일간 입원해 있는 동안 엄마와 전체 기간을 함께 하는 상황을 다루었다. 비록 아이가 화를 낼 때도 있었지만 절망을 느끼거나 엄마를 거부하거나 단절되는 모습은 보이지 않았다. 병원에 있는 동안 엄마와 함께 한 샐리는 의사를 만날 때도, 생소한 검사를 진행할 때도, 주사를 맞을 때도 엄마로부터 안정감을 얻어 엄마와 분리되어 있었던 다른 아이들과는 차이를 보였다. 또한 집으로 돌아간 이후도 입원 전과 같은 모습을 유지했다.

1958년 두 번째 영화가 개봉되었을 때 이번에는 조금 더 많은 의료전문가들이 그의 연구를 받아들였으며 병원 개방에 동참했다. 하지만 1970년대 후반까지 영국과 미국에서는 여전히 강한 반발이 지속되어 애착이론이 확산되는데 어려움을 겪었다.

로벗슨은 이후 1960년대 중반 '**단기간 분리된 어린 아이들**(Young Children in Brief Separation)'이라는 제목의 시리즈 영화를 제작했다. 이 영화는 '짧은 기간'이라는 변수를 강조하여 비록 짧은 기간이지만 주 양육자와의 분리가 아이들의 마음에 어떤 영향을 주는지 설명했다. 그는 연구를 통해 "엄마를 대신하여 아무리 좋은 돌봄을 제공한다 할지라도 엄마로부터의 '분리' 자체가 어린 자녀에게는 위험요소"가 된다는 사실을 제시했다. 그리고 그는 분리가 강조되는 이유를 "지속되어 왔던 (안전기지로서의) 애착관계가 분리를 통해 단절되기 때문"이라고 설명했다(Robertson, & Robertson, 1973).

특히 생후 24개월 이하의 어린 아동의 경우 분리는 곧 '**버림받음**'으로 여겨진다. 또한 대부분의 경우 아직 대상항상성[7]이 발달되어 있지 않기 때문에 아동이 느끼는 버림받음은 일시적인 것으로 받아들여지지 않고 영구적으로 받아들여지는데 아동의 충격은 더 크게 느껴질 수 있다. 비록 단 며

칠 동안이라 할지라도 병원에 입원 중인 아동은 인지적으로 엄마의 다음 방문을 예측하는 것이 어렵기 때문에 그 충격과 두려움은 트라우마로 작용할 수 있다.

결국 그의 분리에 대한 강조는 보울비의 생각과 같았다. 보울비(1973) 역시 그의 책 '**분리: 불안과 분노**'에서 분리의 문제가 얼마나 깊이 인간의 두려움의 감정과 서로 연관되어 있는지 그리고 분리로 인한 불안과 분노가 어떻게 애착관계에서 부정적으로 형성되어 나타나는지 자세히 설명하고 있다.

| 메리 에인즈워스와 애착이론의 발달 |

애착이론의 기초를 형성하는데 **메리 에인즈워스**(Mary Dinsmore Ainsworth, 1913~1999)의 역할을 빼놓을 수 없다. 그녀는 애착이론의 기초를 형성함은 물론 애착이론을 실험적 방법으로 증명하는데 공헌하여 애착이론을 발달시킨 장본인이다. 사실 그녀가 없는 애착이론은 상상할 수 없기 때문에 대부분의 학자들이 애착이론은 보울비와 에인즈워스의 공동작업(joint work)이라는데 동의한다. 그들의 만남은 1950년에 이루어졌다. 보울비와

---

7) 대상항상성이란 대상의 존재가 아동의 내면에 내적심상(정신적 이미지)으로 남아 지속적인 영향을 미치는 현상을 말한다. 예를 들면 엄마가 부재중일지라도 엄마에 대한 표상으로 여전히 엄마와의 관계가 유지되어 심리적 안정감을 유지할 수 있는 능력을 말하며 엄마가 어딘가에 있을 것이고 자기에게 돌아올 것이라는 것을 인지할 수 있는 능력을 포함한다.

만나기 전 에인즈워스는 캐나다 토론토 대학에서 **윌리엄 블래츠**(William Emet Blatz, 1895~1964)를 통해 '**안전이론**(security theory)'에 대한 영향을 많이 받았다.

안전이론은 어린 영·유아들이 익숙하지 않은 상황들을 탐색하기 위해서는 가족, 특히 부모에 대한 '안전 의존성(a secure dependence)'이 발달할 필요가 있다고 설명하는 이론이다. 그녀는 결국 안전이론으로 박사학위를 받았는데 논문을 통해 안전이론에 대한 핵심을 다음과 같이 기술했다.

> 생애 초기의 가족 안전성은 아동의 의존성 유형을 결정하게하며 개인(아동)이 점차 바깥 세상에 흥미를 느끼고 새로운 기술을 형성할 수 있도록 하는 근거를 형성하게 한다. 가족의 안전성이 결여된 곳에서는 개인(아동)은 소위 안전기지(a secure base)라고 불리는 것이 없기 때문에 장애를 가지게 된다 (Salter, 1940).

결국 그녀는 어린 시기의 부모와의 관계 경험이 개인의 성격형성에 영향을 미친다는데 보울비와 생각을 같이 하고 있었다. 다만 보울비의 경우 애착대상 특히 엄마와의 애착관계 경험을 강조하였지만 그녀는 안전이론을 통해 가족 단위에서 주는 안전성을 강조하고 있었다. 이렇듯 안전이론에 심취했던 에인즈워스가 애착이론에 본격적으로 참여하기 시작한 것은 그녀의 결혼에서부터 시작했다. 그녀는 학위 이후 토론토 대학의 교수로 재직하고 있었고 석사학위를 갓 마친 연하의 대학원생과 결혼하였다. 당시 남편은 박사학위 과정을 영국에서 진행하기를 원했기 때문에 결국 남편을 위해 그녀는 일을 그만 두고 1950년 남편을 따라 영국으로 이주하였다. 그리고 마침 영국에서는 보울비가 로벗슨과 함께 엄마와의 분리에 영향을 받은 아동에 관한 연구를 진행하면서 함께 일할 아동심리와 성격발달 전문가를 구하고 있었다. 결국 그들의 연구에 가장 적임자였던 에인즈워스가 캐나다에서 영국으로 이주하면서 애착이론의 창시자인 보울비와의 역사적인 만남이 이루어졌다. 하지만 두 사람은 그 만남을 통해 애착이론이 어떻게 새로운 국면을 맞이하게 될지, 서로에게 어떤 영향을 미칠지 전혀 몰랐다.

에인즈워스는 보울비를 도와 애착 연구의 산실이었던 타비스톡 클리닉(Tavistock Clinic)에서 일하였는데 특히 모성의 분리(maternal separation)가 아동발달에 미치는 영향에 대하여 연구하였다. 하지만 그녀는 성격 및 발달심리학자였기 때문에 보울비와는 달리 치료와 관련된 일이나 환자에 대한 분석에는 관심이 없었다. 그녀의 관심은 어떻게 아동이 인지적으로, 정서적으로 발달하는가에 있었다. 그러나 한 번도 과학적인 실험으로 자신의 관심사를 연구하지 못하였기에 로벗슨 부부의 생태적 모델 연구를 항상 동경하며 높이 평가했다.

한편 1954년 에인즈워스는 타비스톡을 떠나 다시 한 번 남편을 따라 아프리카 우간다로 이주하게 되는데 그녀의 남편이 현재의 '동 아프리카 대학(International University of East Africa)'에서 근무하게 되었기 때문이다. 비록 처음에는 그녀를 아는 사람은 아무도 없었고, 스폰서도 없었으며, 실험실 하나도 없었지만 그곳에서도 그녀는 애착관계에 대한 관심을 놓지 않고 애착이론 사상 처음으로 현장에서 엄마와 어린 자녀와의 상호관계(애착)에 관한 연구를 생태학적인 관점에서 시작하였다. 그녀의 연구는 '동 아프리카 사회연구 협회(The East African Institute of Social Research)'에 가입하고 지원을 받으면서 탄력을 받았다. 토속 언어를 배우고 문화를 익히고 마을 족장들에게 연구 목적을 설득하고 족장들이 참여자들을 모집하면서 연구의 환경이 조성되었다. 연구에 참여하는 엄마들에게는 보상으로 가족 모두에게 근처 병원까지 교통을 제공했는데 당시에는 상당한 혜택이었다.

그녀는 우간다 캄팔라(Kampala) 주변의 6개 마을을 9개월 동안 주기적으로 방문하였는데 젖을 떼지 않은 28명의 아기들에 대한 관찰기록과 함께 평균 2시간 이상 엄마와의 인터뷰를 가짐으로 정보를 축적하였다. 특히 아기가 앉고, 기고, 서고, 걷는 것과 같은 발달단계를 정상적으로 거치고 있는지, 그리고 아기가 어떤 상황에서 엄마를 향하여 가까이 하려는 경향(proximity seeking)을 보이는지에 관심을 두었다.

그녀는 관찰을 통해 얻은 단서들을 분석하면서 먼저 애착의 발달 과정이 다음의 다섯 단계를 거치고 있다는 것을 가정했다.

- **무분별 단계**
  : 아기(신생아)가 사회적 반응을 보이지 않고 무분별하게 모든 사람에게 반응함.

- **분별 반응단계**
  : 아기가 엄마를 인식하고 타인보다 더 좋아하는 반응을 보임.

- **멀리서도 분별하는 단계**
  : 엄마가 방을 떠날 때 울며, 엄마가 다시 돌아오면 기어서 다가감.

- **적극적인 주도적 반응을 보이는 단계**
  : 엄마를 따라가거나, 엄마에게 접근하거나, 엄마의 무릎에 얼굴을 파묻거나, 엄마를 향해 소리를 지르는 등의 반응을 보임.

- **낯가림의 불안을 보이는 단계**
  : 약 6~8개월의 시기로 점점 자율성을 보여 엄마를 떠나 주변을 탐험하며 낯선 이에 대한 불안이 현저하게 나타남. 약 9~12개월은 보다 효율적으로 엄마를 활용하면서 주변을 탐험하며 낯선 이에 대한 불안도 더 뚜렷해짐.

또한 관찰 결과들을 통해 에인즈워스는 영아가 엄마와의 관계에서 보이는 행동 특징을 처음에는 크게 두 가지로 분류했다. **애착이 형성되지 않은 경우**와 **애착이 형성된 경우**였다(Karen, 1998). 먼저 전체 28쌍의 엄마와 아기 중 5쌍의 관계가 애착을 위한 유대가 형성되지 않았다. 주된 특징으로는 엄마가 아기에게 거의 반응을 보이지 않는 경우였다. 주로 엄마가 할 일이 너무 많아 스트레스가 쌓인 경우가 많았는데 쌍둥이를 키우는 엄마에게는 아기에게 반응을 보이지 못하는 현상이 더 뚜렷하게 나타났다.

전체 28쌍 중 나머지 23쌍은 모두 애착이 형성된 경우였다. 하지만 에인즈워스가 볼 때 그들 중에는 분명한 차이가 있었다. 특히 엄마가 아기의 시야에서 사라질 때 그리고 엄마가 다시 돌아올 때의 반응이 달랐다. 그들 중 7쌍의 관계는 과도하게 울고, 과도하게 엄마에게 매달리면서 엄마와 떨어지는 것을 참지 못했다. 에인즈워스는 이 경우를 애착은 형성되었지만 불안정하게 형성된 경우로 분류했다. 불안정하게 애착이 형성된 경우, 엄마가 아기는 돌보지만 남편이 육아뿐만 아니라 생계를 돌보지 않아 엄마가 높은 불안감을 보이거나, 심지어 남편에 의해 강제 별거 중이거나 버림받아 엄마 자신이 강한 불안을 보이는 경우였다.

반면에 안정애착을 보인 아기의 엄마들은 애착이 형성되지 않은 경우와 불안정하게 애착이 형성된 경우의 사이에 위치해 있었다.

소위 **'간다(Ganda) 프로젝트'**로 알려진 에인즈워스의 이 연구는 애착이론의 발달에 도화선이 되었다. 그녀는 우간다에서의 관찰연구에서 영아가 보내는 신호에 대한 엄마의 반응에 따라 애착 행동 유형이 서로 다르게 영아에게 나타나는 것을 발견하였다. 특히 그녀는 자신의 박사학위 논문에서 제시했던 '안전기지'에 대한 개념을 우간다 연구를 통해 확인하면서 영아가 안전기지로서 엄마를 사용했을 경우 영아의 독립적인 탐험과 환경에 대한 능숙함이 증가한다는 사실을 발견하였다. 반면에 영아의 신호에 대해 엄마가 불안정한 반응을 보인 경우 아기는 엄마에게 치대어 칭얼거리거나, 거절하고 회피하는 행동을 보였다. 에인즈워스는 이러한 행동적 차이를 목격하면서 처음으로 엄마와 영아 간의 애착행위에 대한 유형을 구분하는 기준을 확인했다(Ainsworth, 1967).

그녀의 연구는 애착이론에 대한 본질적인 내용인 애착대상과 영아와의 관계가 어떻게 상호적으로 영향을 주는지 그리고 그 관계의 특징이 무엇인지를 관찰과 분석을 통해 밝혀냄으로 과학적 방법에 근거하여 애착 유형을 이끌어 낸 첫 케이스라는데 큰 의미가 있다. 물론 보울비의 연구에도 44명의 절도 이력을 가진 아동 청소년을 특징별로 분류하였으나 애착대상과 개인 간의 애착 관계적 역동성을 다룬 분류라기보다는 의사로서의 임상적 관찰을 통한 참여자의 성격적 분류였다는데 한계를 가지고 있다.

그런 의미에서 에인즈워스의 실험적 관찰을 통한 분류는 기존의 보울비의 분류보다 애착이론적 관점에서는 보다 발전된 분류임에 틀림없다. 그녀의 탁월한 연구결과를 인정한 보울비는 후일 그녀와 서로 출간 될 연구논문을 교정하고 조언을 나눌 만큼 상호 협력적으로 관계하였다. 그리고 9개월에 걸친 그녀의 우간다에서의 연구는 1967년 '**우간다에서의 영아기**'라는 제목의 책으로 출간되면서 세상에 알려지게 되었다.

| '낯선 상황' 실험 연구 |

에인즈워스는 1955년 다시 한 번 남편을 따라 미국 메릴랜드 주의 볼티모어로 이주하였다. 그리고 존스 홉킨스 대학에서 강의하면서 동시에 쉐파트 & 에녹 프렛(Sheppard & Enoch Pratt) 정신병원에서 정서문제를 가진 아동들을 진단하고 상담하는 일을 하였다. 그리고 존스 홉킨스 대학의 교수로 직임하면서 자신의 애착 연구에 대한 혁신적인 발전을 이루게 되는데, 1961년 보울비의 초청으로 갖게 된 자신의 우간다 실험의 연구발표가 사실상 변화와 발전의 촉매로 작용하였다. 당시 에인즈워스는 런던으로 초청받아 '엄마와 영아와의 상호작용'이라는 연구 모임에서 발표를 하게 되는데 이 때 연구모임의 분위기가 그녀의 연구결과에 대하여 의문점과 중립적 또는 부정적인 시각을 강하게 가지면서 다소 냉소적인 입장을 보였다.

에인즈워스는 이때의 경험으로 자신의 연구가 보다 구체적이고 체계적인 정리가 필요하다고 보았으며 발달되지 않은 사회에서의 연구가 발전된 서구사회에 적용될 수 있는지 확인해야 하는 사실을 인정하면서 자신의 우간다 연구결과를 산업화된 사회에서 확인하기 위한 새로운 실험을 계획하였다. 흔히 **'낯선 상황 실험'**으로 알려진 볼티모어의 실험에서 에인즈워스는 보다 치밀한 계획과 전문가들의 협력으로 우간다에서의 애착 연구를 발전된 도시상황에서 진행하였다(Ainsworth, Blehat, Waters, & Wall, 1978).

이번에는 아기가 태어나기 전부터 26가정을 선별하여 생후 1년에 이르기까지 주기적 방문관찰과 기록을 통해 엄마의 상태와 아기와의 애착관계 상황을 면밀히 분석하였다. 그리고 아기가 생후 1년이 되었을 때 자신이 지금까지 축적한 정보가 특정 실험세팅에서 압축적으로 보여 질 수 있도록 아기에게 '낯선 상황'을 제시하였다. 특히 분리와 재회과정을 강조하여 실험 자체에서 애착에 대한 내적 체계를 그대로 드러낼 수 있도록 하였다. 결국 20~30분 과정으로 구성된 낯선 상황 실험을 통해 에인즈워스는 우간다 실험에서 관찰했던 유형별 애착행위를 다시 관찰할 수 있었다.

생후 1년 된 참여자 영아들은 각 상황에 따른 그들의 행동 반응에 따라 세 그룹으로 나누어졌다. 실험에서 영아들은 처음에는 낯선 실험 공간(놀이방)에서 엄마와 함께 있게 되지만 이후에는 낯선 스트레스 상황들이 주어졌다. 그리고 관찰자들은 그 스트레스 상황들을 영아들이 어떻게 반응하는지 살펴보았다. 어떤 영아들은 엄마가 곁에 있다는 안정감으로 쉽게 놀이상황으로 들어갔다. 이들은 부모가 실험계획에 따라 밖으로 나갔을 동안에는 문 앞에서 울면서 불안한 모습을 보였지만 엄마가 다시 돌아왔을 때는 쉽게 진정되면서 다시 놀이상황으로 돌아가는 모습을 확인할 수 있었다. 또한 그들은 엄마를 '안전기지'로 삼아 자유롭게 놀이를 즐겼으며 엄마와 함께 있을 때는 스트레스 환경에 대한 탐험도 이어갔다. 에인즈워스는 이들 그룹을 '**B 유형-안정형**(secure)'으로 분류했으며 실험에서 이들의 비율은 전체의 약 66%를 차지했다.

하지만 일부 영아들은 실험에서 그들과 다른 행동을 보였다. 어떤 영아들은 엄마를 무시하는 듯 자기가 관심 있는 놀이상황에 몰두하여 엄마가 밖으로 나가는 상황에서도, 다시 돌아오는 상황에서도 큰 반응을 보이지 않고 돌아서 있거나, 엄마가 관계를 시도하여도 거절하거나 회피하는 행동을 보였다. 심지어 엄마가 영아에게 다가가서 같이 놀아주려 해도 귀찮아하거나 싫어하는 행동을 보였다. 에인즈워스는 이렇게 자기에 집중하면서 스트레스 환경에 반응하지 않고 회피하려는 그룹을 '**A 유형-회피형**(avoidant)'으로 분류했으며 이들의 비율은 전체의 약 22%를 차지했다.

이와는 달리 어떤 영아들은 엄마가 바깥으로 나가자 격렬하게 저항하며 떼를 쓰며 울었다. 그리고 잠시 후 다시 돌아왔을 때는 화를 내기도 했고, 엄마가 안아주려고 했을 때는 받아들이면서도 동시에 저항하는 이중적인 행동을 보였다. 이들은 불안한 모습으로 한시도 엄마와 떨어지려고 하지 않았으며 놀이나 탐험에도 소극적인 태도를 보였다. 에인즈워스는 이들 그룹을 'C 유형-저항형(resistant)/양가형(ambivalent)'으로 분류했는데 이들의 비율은 전체의 약 12%를 차지했으며 이들은 스트레스 환경이 주는 자극에 과민하게 반응할 뿐만 아니라 과도한 감정에너지가 표출되는 특징을 가지고 있었다.

단계	참석자	시간	상황	실험자 관찰사항
1	엄마, 영아, 실험자	30초	실험자는 엄마와 영아를 놀이방으로 인도한 후 떠난다.	
2	엄마, 영아	3분	영아가 장난감을 가지고 노는 동안 엄마는 그대로 앉아 있다.	근접성 추구 및 안전기지 역할이 작용하는가?
3	엄마, 영아, 낯선 사람	3분	낯선 사람이 들어와서 앉은 다음 엄마와 대화한다.	영아의 낯선 사람에 대한 불안 반응은?
4	영아, 낯선 사람	3분 이내	엄마가 놀이방을 나간다. 낯선 사람이 영아와 반응해 주고 영아의 기분이 혼란상태가 되면 달래준다.	영아의 낯선 사람에 대한 반응은? 엄마와의 분리불안은?
5	엄마, 영아	3분 이상	엄마가 돌아와서 영아를 맞이하여 달래준다. 낯선 사람은 놀이방을 나간다.	엄마와 재결합 했을 경우 반응은?

단계	참석자	시간	상황	실험자 관찰사항
6	영아	3분 이내	엄마가 놀이방을 나간다.	분리불안은?
7	영아, 낯선 사람	3분 이내	낯선 사람이 놀이방을 들어오고 달래준다.	낯선 사람이 달래 줄 때 진정되는 반응은?
8	엄마, 영아	3분 이상	엄마가 돌아와서 영아를 맞이하여 달래준다. 장난감에 영아가 관심을 가지도록 시도해 본다.	엄마와 재결합 했을 경우 반응은?

** 주의사항
1. 분리 상황에서 영아가 지나친 혼란 상태를 보이면 시간을 채우지 않고 엄마를 들여보낸다.
2. 만약 엄마와 재결합했을 때 영아가 진정되는 시간이 주어진 시간보다 더 필요할 경우 시간을 연장한다.

표2-2. 낯선 상황 실험과정: Ainsworth et al., 1978

'낯선 상황' 실험을 마친 후 영아들이 보인 서로 다른 반응과 행동의 이유를 분석하기 위해 에인즈워스는 연구 팀과 함께 참여자의 집에서 실시한 방문관찰 자료들을 토대로 낯선 상황 실험을 비교분석을 하였다. 비교연구를 통해 연구 팀은 참여한 엄마들과 자녀와의 애착관계에 대한 매우 중요한 단서를 발견할 수 있었다.

먼저 안정애착 아동 그룹의 엄마들은 생후 첫 세 달 동안 매우 민감하고 섬세하게 아기를 돌보았으며 그 후 12개월까지 아기와 매우 조화롭고 반응적인 관계를 유지했던 특징을 읽을 수 있었다. 안정형 엄마들이 가졌던 주요 양육적 특징은 다음과 같았다.

- 영아의 신호에 민감하게 반응한다.
- 영아의 부정적인 감정을 잘 받아주어 자녀가 감정을 조절할 수 있도록 도와준다.
- 자신의 감정에 치우치지 않고 일관적인 태도로 양육한다.
- 부드럽고 조심스럽게 영아를 보살핀다.

반면에 회피형 애착 그룹의 엄마들은 같은 기간 동안 아기의 반응에 보다 외면하는 태도를 보였으며 특히 아기가 육체적 접촉을 요구하는 반응에서 거절하는 양육적 특징을 보였다. 회피형 엄마들이 가졌던 주요 양육적 특징은 다음과 같았다.

- 영아의 신호를 거절하거나 보류하여 지연시킨다.
- 영아의 신호보다 주 양육자 자신의 일이 우선한다.
- 영아와의 감정적인 교류가 적다.
- 다른 유형에 비해 스킨십이 적다.

또한 저항/양가형 애착 그룹의 엄마들은 아기의 요구에 일관적이지 않은 태도를 보였는데 때에 따라 민감하게 반응하기도 했지만 때로는 외면하거나 거절하는 태도를 보여 양육의 불일치를 보였다. 그리고 이들 저항/양가형의 엄마들은 다른 유형들보다 영아에게 과도한 감정을 표현하는 특징을 보였다. 저항/양가형 엄마들이 가졌던 주요 양육적 특징은 다음과 같았다.

- 영아의 신호에 예민하게 반응하며 불규칙적으로 반응한다.
- 주 양육자 자신이 과도한 감정을 영아에게 표현한다.

- 주 양육자 자신의 불안 지수가 높은 경향이 있어 영아를 과보호하며 불안해한다.
- 주 양육자의 기분에 따라 영아에게 반응한다.

에인즈워스의 '낯선 상황' 연구는 이상과 같이 초기의 애착관계에 따라 영아의 행동이 달라지는 차이를 설명하고 있다. 보울비가 제시했던 것처럼 2세 이전의 돌봄이 애착형성의 핵심이라는 점과 맥락을 같이하고 있다. 그녀의 실험 이후 다양한 사회 문화적 상황에서 '낯선 상황' 실험이 재연되면서 애착이론은 지속적으로 발전을 거듭했다. 에인즈워스의 제자였던 **메인**(Mary Main, 1943~현재)의 경우 스승의 실험을 재연하기도 하며 축적된 '낯선 상황' 실험의 자료들을 재검토 하면서 기존의 세 가지 애착 유형에는 속하지 않는 네 번째 애착 유형(D 유형)을 발견하여 발표하기도 하였다(Main, & Solomon, 1990).

메인과 그녀의 제자였던 솔로몬(Judith Solomon)은 기존의 세 가지 유형에 속하지 않는 영아들의 반응만을 담은 200개의 비디오를 재검토하면서 이들 중 90%가 그들의 부모 앞에서 상황에 맞지 않은 행동을 보이거나 이상한 반응을 보인다는 것을 발견하였다. 어떤 영아는 엄마를 보고 뒷걸음치거나 얼어붙은 상태로 있기도 했으며 어떤 영아는 바닥에 쓰러지거나 망연자실한 상태처럼 보이기도 했다. 즉 네 번째 애착 유형의 경우는 외적으로 분명하게 드러나는 '**두려움**'이 주된 특징으로 나타났다. 메인은 이 유형을 '**혼란형**(disorganized)'으로 분류하면서 그 원인을 주 양육자가 영아에게 안전기지이면서 동시에 '위험기지'가 될 경우 상반된 두 자극으로 인해 영아가 혼란을 겪게 되어 위와 같은 반응을 보이게 된다고 설명했다(Wallin, 2007). 다시 말해서 부모가 아이에게 두려움을 주는 광폭한 행위자로 역할을 할 경우 영아는 본능적으로 두려움의 상황에서 올라오는 감정처리와 안전기지로의 근접성 추구 사이에서 어떻게 반응해야 할지 혼란을 겪게 된다(Duschinsky, 2015).

이를 증명하듯 칼슨과 그의 동료들의 연구(Carlson, Cicchetti, & Braun wald, 1989)에서는 혼란형으로 분류된 영아의 82%가 부모로부터 학대를 받은 것으로 조사되었다. 또한 일반적으로 혼란형의 경우 그 가족 배경이 가난이나 정신과적 질병이나 약물중독과 같은 열악한 환경에 장기간 노출된 것으로 나타났다(Wallin, 2007). 결국 영아가 받아들이기 어려운 부정적 자극에 과도하게 노출될 경우, 특히 안전기지의 역할을 하는 주 양육자로부터 트라우마를 경험하게 될 경우 영아는 혼란형의 특징을 보일 확률이 매우 높아지게 된다는 것을 알 수 있다.

결국 보울비로부터 시작되었던 초기 애착이론은 에인즈워스와 메인의 실험적인 적용으로 보다 구체적이고 과학적인 이론으로 발전하게 되었다. 특히 '낯선 상황' 실험은 네 가지 유형으로 영아들을 구분할 수 있는 특징들을 제시함으로 영아와 주 양육자와의 애착관계가 인간의 행동에 어떠한 영향을 미칠 수 있는지 설명한다는 점에서 충분히 주목할 만한 연구 결과임에 틀림없다.

애착유형		낯선 상황 행동
A	A0	• B 또는 C보다 낮은 근접성 추구 및 엄마와의 접촉 유지(엄마와 재결합 시). • 약간의 근접성 회피 행동들이 함께 나타남. • 마음의 혼란과 고통을 무시하기 위해 일관적이고 분명한 방식으로 자신의 행동, 관심(집중), 감정을 통합시킴. • 주 양육자에 대한 관심을 멀리 함(예: 장난감에 집중).
	A1	• 가장 낮은 근접성 추구 및 B 또는 C보다 낮은 엄마와의 접촉 유지(엄마와 재결합 시). • 가장 강한 근접성 회피 행동들.
	A2	• 재결합 시 약간 또는 중간정도 낮은 근접성 추구. • 현저하게 보이는 근접성 회피 행동들.
B	B0	• A와 비교할 때 강한 근접성 추구 및 엄마와의 접촉 유지(엄마와 재결합 시). • C와 비교할 때 접촉에 대한 낮은 저항. • 마음의 혼란과 고통을 엄마와 소통하고 진정시키기 위해 일관적이고 분명한 방식으로 자신의 행동, 관심(집중), 감정을 통합시킴. • 진정 후 침착하게 놀이 상황으로 돌아감.
	B1	• 약한 근접성 추구 및 엄마와의 접촉 유지. • A1보다 약한 근접성 회피 행동들. • 거리를 두고 엄마와 강한 의사소통과 감정적인 나눔. • A와 B 영아 사이의 중간정도로 구별 됨.
	B2	• 첫 번째 재결합 시 약간 또는 중간정도 낮은 근접성 추구와 현저하게 보이는 근접성 회피행동. • 그러나 두 번째 재결합 시 강한 근접성 추구와 엄마와의 접촉 유지.
	B3	• 강한 근접성 추구와 엄마와의 접촉 유지(엄마와 재결합 시). • 접촉에 대한 저항이나 근접성 회피 행동은 보이지 않음.
	B4	• 엄마와 분리되기 전에 약간의 근접성 추구와 접촉을 유지하려 함. • 강한 근접성 추구와 엄마와의 접촉 유지(엄마와 재결합 시). • 약간의 접촉에 대한 저항.

애착유형		낯선 상황 행동
C	C0	• 현저하게 보이는 접촉에 대한 저항 행동. • 마음의 혼란과 고통을 엄마와 강하게 소통하기 위해 일관적이고 분명한 방식으로 자신의 행동, 관심(집중), 감정을 통합시킴.
	C1	• 엄마와의 재결합 시 강한 근접성 추구 및 접촉 유지. • 강한 접촉 저항 행동으로 접촉 유지를 중단시킴(아이가 혼란과 고통을 엄마와 소통하고 싶은 것과 접촉해서 화내고 거절하고 싶은 욕구 사이에서 행동을 바꿀 때).
	C2	• 특히 두 번째 재결합 시 약한 근접성 추구, 하지만 중간~강한 접촉 유지. • 중간 정도의 접촉 저항.

Note. 출처: Ainsworh et al.(1978), Ainsworth(1985a), Duschinsky(2015).

✱ 용어정리

1. 근접성 추구
   영아가 엄마와 접촉하려는 시도에 대한 강도, 지속기간, 정도를 나타냄(특히 재결합 상황에서).

2. 접촉 유지
   영아가 엄마와 접촉을 유지하려는 시도에 대한 강도, 지속기간, 정도를 나타냄(일단 접촉이 이루어진 상황에서).

3. 근접성 회피
   재결합 상황에서 엄마에 대해 직접적으로 관심을 멀리하려는 행동에 대한 강도와 지속기간(예: 얼굴을 딴 데로 돌리기)

4. 접촉 저항
   분노 또는 엄마와의 접촉을 거부하려는 욕구를 표시하는 행동의 강도와 지속기간(예: 엄마를 손으로 밀기)

표2-3. 에인즈워스의 '낯선 상황' 실험의 애착유형 분류

| '낯선 상황' 그 이후: 미네소타 연구 |
(인간발달단계에 따른 애착연구 확장의 도화선)

에인즈워스의 '낯선 상황' 실험에서 나타난 생후 12개월 영아들이 보여준 애착 행동들은 친구관계와 같은 사회성이 시작되는 유아기(3~5세)에는 어떻게 확장되어 나타날까? 보울비의 경우 에인즈워스가 분류한 안정형의 아이들이 이후에 자기에 대한 신뢰(self-reliance)와 타인에 대한 신뢰(trust in others)를 바탕으로 안정적인 성격이 발달할 것이라고 가정했지만 입증할만한 실험적인 연구가 없었다. 사실 생후 1년 된 영아들이 보여주는 울고, 엄마에게 매달리는 단순한 행동 단서들을 가지고 그들보다 훨씬 세련된 정신기능으로 다양한 심리 행동적 성격 특성을 보이는 유아기 아동들을 예측한다는 것은 말처럼 쉽지 않다. '낯선 상황' 실험과 같이 20분 만에 유형과 그 특성을 알아차릴 수 있는 유아기에 적합한 또 다른 실험 장치가 고안되지 않는 이상 장기적인 연구(a longitudinal study)가 필연적이기 때문이다.

미네소타 대학의 **알랜 스로우페**(Alan Sroufe) 교수의 연구는 그런 의미에서 애착이론의 발달에 크게 공헌하였다. 그의 관심사는 이미 애착유형이 결정된 영아들이 이후 유아기뿐만 아니라 성인에 이르렀을 때 어떤 변화를 보이는가에 있었다. 즉 그는 서로 다른 애착의 질이 각 개인의 발달단계에서 보이는 행동과 성격에서 어떤 차이를 발견할 수 있는가에 집중하였다(Karen, 1998). 소위 **미네소타 연구**로 알려진 그와 동료들의 연구는 '낯선 상황' 실험에 참여한 영아들을 그 이후 성장과정을 추적 조사하여 인간발달 과정에서 일어나는 애착 유형별 특징을 다룬다. 미네소타 연구는 1970년대 중반에 시작되었다. 첫 아이가 있으면서 임신 중인 200명 이상의 여성들을 모집하였으며 특히 환경적으로 열악한 대상을 중심으로 연구가 진행되었다는 특징이 있다. 놀랍게도 이 연구는 50년에 가까운 현재까지 지속되고 있다(Sroufe, 2005, 2017).

스로우페 교수 팀이 연구를 위해 환경적으로 특히 경제적인 측면에서 열악한 대상을 선택한 이유는 두 가지가 있었다. 첫째는 이전의 모든 장기종단 연구가 모두 중산층을 중심으로 이루어졌기 때문에 상대적으로 불리한 조건에 놓인 대상을 중심으로 한 연구가 중요했기 때문이며, 둘째는 가난이라는 환경요소가 아동으로 하여금 다양한 문제의 범위를 경험하도록 만들기 때문에 에인즈워스의 '낯선 상황'과 같은 스트레스 역할을 참여자에게 제공할 수 있었기 때문이었다. 특히 연구자들은 가난 속에서 아동이 부적응적 문제를 야기하고 발전시키는 과정을 이해하기 원했고, 동시에 가난에도 불구하고 정상적으로 잘 성장한 아이들은 어떤 과정을 거치는지 이해하기 원했다(Sroufe, 2017).

그들은 참여자가 임신 중에 있을 때부터 출산 후 아기가 성장할 때까지 매우 면밀하고 빈번하게 측정했다. 임신기에는 임산부가 돌봄을 제대로 받고 있는지, 태아 부모의 태도나 기대는 어떠한지, 첫째 아이에 대한 부모의 태도와 아이의 반응은 어떠한지를 다루었다. 그리고 결과적으로 부정적인 부모의 태도와 기대, 자녀에 대한 이해의 부족 등은 이후 연구에서 나타나는 부정적인 결과와 관계가 있다는 것을 발견했다.

출산 후 아기가 발달함에 따라 다양한 나이에서 기질, 인지발달과 언어발달, 호기심, 친구관계, 학업성취도 등을 조사했으며 성장 이후 성인기에는 직업, 연애관계, 부모역할 등을 연구했다(Sroufe, Coffino, &

Carlson, 2010).

스로우페는 특히 생후 12개월의 영아들과 생후 18개월의 영아들이 보이는 현격한 발달적 차이를 강조했다. 예를 들어 생후 12개월의 경우 '낯선 상황' 실험에서 엄마와 분리되거나 혼자 남겨질 때 상당한 스트레스를 받았지만 생후 18개월 아동의 경우 스트레스 반응이 눈에 띠게 줄어들었을 뿐만 아니라 엄마와의 분리 이후 재회 시 엄마와의 육체적 접촉 시간도 현격하게 줄었다. 생후 18개월 영아가 원하는 것은 육체적 접촉이 아니라 엄마를 적극적으로 맞이하거나, 엄마가 없을 때 자신이 활동하던 모습을 보여주는 행위와 같은 '엄마와의 상호관계'였기 때문이다.

스로우페는 생후 18개월 영아가 보여주는 이러한 모습들이 잘 충족되면 오히려 엄마와의 육체적 접촉 횟수를 늘릴 뿐만 아니라 심리적인 접촉까지도 동시에 경험하는 효과가 있다고 설명했다. 또한 엄마와의 상호작용을 통해 엄마와의 관계의 질이 안정되면 주변 환경을 보다 효과적으로 탐험할 뿐만 아니라 결과적으로 아동의 보편적인 적응능력이 발달하여 타인을 대하는 태도, 스트레스를 다루는 방법, 그리고 세상으로 나갈 때 안정감을 높인다고 믿었다.

스로우페는 생후 18개월 아동에게서 발견되는 **'적응능력'**이 이후의 성격 발달과 애착 유형의 유지에 매우 중요한 역할을 한다고 보았기 때문에 동료들과의 연구를 통해 나이 별로 초기 애착관계의 질과 적응능력이 개인의 성격기능, 자아존중감, 자기신뢰, 사회적 능력 등에 어떻게 영향을 미치는지 조사했다. 먼저 미네소타 종단 연구에서 그들이 얻은 생후 2~3년 영아에 대한 주요 내용은 다음과 같다(Sroufe, 2017).

- 안정형의 영아들이 엄마의 요청에 보다 순응적으로 반응했다(이때의 순응은 두려움에 바탕을 둔 것이 아니다).
- 문제에 접근할 때 절망하지 않고 보다 적극적이었으며 정서적으로도 긍정적인 반응을 보였다.
- 안정형의 영아들은 보다 충동을 잘 조절할 줄 아는 모습이 보였다.
- 전반적으로 안정형의 영아들이 보이는 특징들은 앞으로 나타날 자기−주관성과 자기−효능감의 초기 근원으로 반영되고 있었다.
- 양가형의 영아들은 웃거나 기쁜 긍정적인 감정을 보이지 않았다.
- 회피형의 영아들은 삐지거나 투덜대거나 공격적인 태도를 보였다.

스로우페 연구팀은 유아기에서는 보다 많은 정보를 얻을 수 있었다. 연구에 참여한 유아들의 적응능력은 영아기보다 세련된 기능을 보였지만 애착유형별 차이는 뚜렷했다. 특히 4~5세 유아들이 보여준 삶의 상황에 대한 수용과 그에 대한 적응 양상은 '낯선 상황'에서 영아들을 관찰하면서 발견한 것과는 매우 큰 차이가 있었다. 미네소타 연구에서 얻은 유아기의 애착유형별 차이에 대한 주요 내용은 다음과 같다.

- 안정형의 유아들은 불안정 애착유형의 유아들보다 도전적인 문제에 대해 보다 주도적이었고 참을성이 좋았다.
- 또한 안정형은 새로운 물체들을 볼 때 불안 유형보다 더 많은 호기심을 보였다.
- 교사들의 관찰 평가에서 안정형은 보다 긍정적인 정서와 자기신뢰, 높은 자아존중감, 보다 나은 자기관리능력을 보인다고 평가했다.
- 안정형의 경우 놀이터에서는 활기차게 활동하는 반면에 이야기를 듣는 시간

이나 집중을 요하는 시간에는 조용히 경청했다(자아-탄력성).

- 친구와의 관계에서도 안정형의 유아들은 보다 적극적으로 친구 집단에 참여할 뿐만 아니라 보다 오랫동안 관계를 유지했으며, 소외되어 혼자 있는 경우는 그에 비해 적었다.
- 안정형의 유아들은 친구들을 못살게 굴거나 자신이 희생당하지도 않았다. 반면에 회피유형의 유아들은 친구들을 괴롭혔으며 불안/양가형 유아들이 주로 희생양이 되었다.
- 회피유형의 유아들의 경우 다른 친구들의 고통을 즐거워하는 경향이 있었다.
- 양가형의 유아들은 너무 자기 자신의 필요에만 몰두하여 다른 친구들과 감정을 잘 나누지 못했다.
- 불안정 애착유형의 경우 안정애착의 유아들보다 교사들 옆에 앉거나 무릎 위에 앉는 행동이 훨씬 더 많이 나타났다. 특히 양가유형이 심했다.

스로우페 연구팀은 유아기 아동의 경우 불안정 애착의 행동패턴이 보다 세분화되어 나타난다는 사실을 발견했다. 불안정 회피형의 경우 3가지 유형의 서로 다른 행동적 특징을 보였는데 첫째 유형은 다른 친구들을 비난하고 괴롭히는 공격적 유형이었으며, 둘째 유형은 무정서 성향을 보이면서 부끄러움을 많이 타고 친구들과의 거리를 유지하는 유형이었고, 마지막 유형은 반복적인 틱 증상을 보이고 주변 환경에는 관심이 없어 공상에 잠기는 유형이었다.

스로우페는 불안정 양가형에 대해서도 두 가지 유형으로 다시 세분화했다. 첫째 유형은 집중력 결핍 현상을 보이면서 쉽게 짜증을 내는 충동적인 패턴을 가진 유형이었고, 둘째 유형은 두려움과 예민한 감정이 강하여 사람들에게 달라붙고 주어진 일을 잘 완수하지 못하고 쉽게 포기하는 유형이었다.

아동기에서는 유아기와는 달리 주로 학업성취와 사회성 및 집단 내 활동에서 애착 유형별 차이를 보였다. 특히 비교능력이 발달하는 아동기의 경우 또래와의 비교에서 느끼는 자아존중감과 그에 따른 정서 상태에서 유형별 차이가 있었다. 미네소타 연구에서 얻은 아동기의 애착유형별 차이에 대한 주요 내용은 다음과 같다.

- 교사들의 평가에서 안정 유형의 아동들은 친구들과 잘 지내며 자아존중감이 높고 정서적으로 건강하다고 평가했다.
- 안정형의 아동들은 다른 유형의 아동들보다 학업성취도가 높았으며 전반적으로 학업이 우수했다.
- 교사들과 일반 관찰자의 양쪽 평가에서 안정형의 아동들은 양가 유형 아동들보다 덜 의존적이었고, 덜 소외되었으며, 다양한 환경에 자신의 행동을 유연하게 적응하는 능력이 우수하다고 평가했다.
- 여름캠프에서의 평가 자료는 안정형의 아동들이 보다 사회성이 좋았으며 친구들과의 관계가 안정되었고 친구집단에 보다 잘 통합되었다. 특히 적극적으로 집단 활동에 참여하였고 집단에서 유지되는 규칙을 잘 준수했다.
- 안정형의 아동들은 우정을 잘 유지하였고 친구집단의 요구나 복잡한 임무를 수행할 때에도 잘 해결했다.
- 회피유형의 경우 친구관계가 발전한 사례는 매우 드물었으며, 우정과 그룹 활동을 잘 통합하지 못해 늘 소외된 채 있었고, 친구가 학교에 오지 않는 날은 제대로 기능하지 못하는 모습이 보였다.

청소년기에 나타난 변화는 어떠할까? 청소년기에 나타난 적응능력은 청소년기의 고유한 발달적 특징과 더불어 집단 내에서의 주도적 역할이라는 측면에서 애착 유형별로 차이를 보였다. 특히 안정유형이 다른 유형보다 리더로서의 역할에 유능한 모습을 보였다. 에릭슨(Erik H. Erikson, 1902~1994)의 심리사회적 발달단계에서 청소년기의 과제가 정체성 확립이라는 점에서 연구 결과는 유의미한 차이라고 할 수 있다. 미네소타 연구에서 얻은 청소년기의 애착유형별 차이에 대한 주요 내용은 다음과 같다.

- 안정형의 청소년은 인간관계를 보다 깊이 이해했다. 예를 들어 친구와의 갈등이 있을 경우 서로를 이해하는 기회로 삼아 보다 가까운 관계로 이끌었다.
- 일련의 캠프에서 상담가들은 안정 유형의 청소년들이 보다 인간관계를 잘 하며 덜 소외되었다고 평가했다.
- 안정형의 청소년들이 다른 유형보다 집단에서 보다 중심적 역할을 하였으며 보다 적극적으로 활동에 참여했다.
- 안정형의 청소년들이 소그룹 활동에서 친구들에 의해 리더로 보다 자주 선출되었다.

미네소타 연구의 성인기 관찰 결과는 성인기의 주요 과제를 애착유형과 함께 설명할 뿐만 아니라 참가자의 다음 세대까지 미치는 영향을 설명한다는 점에서 유익하다. 많은 연구들이 '낯선 상황' 이후에 대하여 연구했지만 미네소타 연구의 경우 오랜 시간 발달과정을 추적하며 그에 따라 나타나는 현상을 관찰하였다는 점에서 성인애착에 관한 다른 연구들과 차별된다. 더욱이 미네소타 연구의 결과물이 공식적으로 처음 제시되었을 당시만 해도 애착에 대한 연구는 걸음마 단계였다는 점에서 연구의 인내와 중요성을 찾을 수 있다(Karen, 1998). 미네소타 연구에서 얻은 성인기의 관찰결과에 대한 주요 내용은 다음과 같다.

- 안정형의 성인들은 다른 유형보다 일관적이고 개방적인 관계를 형성하였으며 남녀 간의 애정관계에서의 안정된 관계를 보였다.
- 생후 12~18개월에 안정 유형에 속했던 사람들이 불안정 유형에 속했던 사람들보다 성인기에 갈등을 보다 효과적으로 해결하였다.
- 성인기의 세 가지 적응과제가 애착유형과 관계가 있었다: 일·교육에서의 적절한 발달, 가족·친구·파트너와의 의미있는 관계, 기능적 수준의 자기각성
- 성인기에 나타나는 애착관계의 표상, 자녀양육, 애착의 세대전이가 애착유형과 관계하였다.
- 영아기에 혼란형으로 분류될 경우 다음 세대의 혼란 유형을 예측할 수 있었다 – 혼란 유형의 세대 간 전이현상은 '분리'에 의해 중재되었다.

결론적으로 미네소타 연구는 '낯선 상황' 실험 결과에서 나타나는 유형별 차이가 영아기 이후의 삶에서 실제적으로 어떤 행동적 변화를 일으키는가에 대한 관찰적 답변을 제공하였다. 그리고 그들이 발견한 유아기의 적응능력과 그에 따른 혁명적인 행동변화는 다른 어떤 발달 단계보다 큰 변화를 보였으며 유아기 이후의 발달 단계에 적용되면서 각 발달 단계별 특징을 예측할 수 있는 단서가 되었다. 결국 유아기 결과를 통해 성인애착을 보다 기능적으로 예측하도록 하여 성인애착연구에 발판을 제시했다는 점에서 미네소타 연구는 그 의미가 크다.

　애착이론 **BASIC**

CHAPTER 3
애착이론의 확장

애착이론의 확장

| 성인애착으로의 확장 |

애착이론에 관한 메인의 공적은 네 번째 애착 유형을 발견한 것에 머물지 않았다. 탁월한 연구를 통해 영아기에 머물러 있던 애착이론을 성인기까지 확장시키는데 공헌하였기 때문이다. 그녀는 본래 애착이론에는 전혀 관심이 없었다. 그녀가 에인즈워스와 함께하기 전 심취했던 전공은 심리학이 아닌 언어학(linguistics)이었기 때문이다. 사실 그녀는 심리학을 선택하기 전에 언어학 전공으로 대학원을 진학하려 했지만 결과적으로 실패했고, 당시 언어학 전공 교수의 "네가 만약 언어학에 관심이 있다면 아기 때로 돌아가야만 한다"는 결정적인 말을 들은 이후 아기에 대한 상당한 관심을 가지기 시작했다고 회고했다(Karen, 1998). 결국 그녀는 처음에는 전공 교수의 조언에 따라 아기에 대한 언어학적 관심 때문에 에인즈워스와 연구를 시작했지만 후일 자신의 애착연구를 영아기에서 성인기로 확장하여 연구할 때는 반대로 언어학에 대한 전문성 때문에 애착 연구의 혁신적인 결과를 도출할 수 있었다.

메인은 영아기 애착관계의 실험적 방법을 어떻게 아동기, 청소년기, 성인기에서도 적용할 수 있을까에 관심이 많았고 에인즈워스와의 '낯선 상황' 실험 이후 스승으로부터 충분히 얻은 애착관계의 외적인 관찰능력을 바탕으로 내면화된 애착관계의 태도가 영아기 이후 성인기에 이르기까지 어떠한 방식으로 표출되는지 집중했다. 그녀의 계속되는 관찰과 연구 끝에 결국 성인기의 표출방식은 그가 사용하는 언어 사용과 태도에서 나타난다는 것을 확인하면서 그녀의 언어학적 전문성은 애착연구에 절묘하게 접목될 수 있었다. 그리고 마침내 그 결과로서 그녀와 동료들은 성인기의 애착유형을 측정할 수 있는 **성인애착면접**(Adult Attachment Interview)을 탄생시켰다(George, Kaplan, & Main. 1984, 1988, 1996).

성인애착면접(AAI)의 출발은 1970년대 중반 메인이 버클리 캘리포니아 대학 교수로 재직할 때 주도되었던 일명 '**버클리 종단연구**'에서부터 시작되었다. 먼저 그녀와 동료들은 미국의 중산층 가정을 중심으로 12~18개월 영아들과 부모를 초대하였으며 실험에서는 엄마와 아빠 모두의 애착관계를 측정하기 위해 두 차례의 '낯선 상황'을 평가하였다. 이후 그 아이들이 여섯 살이 되었던 1982년에 메인과 동료들(Nancy Kaplan, Carole George, Ruth Goldwyn 등)은 40가정을 중심으로 2차 측정을 실시하였다.

실험은 모든 가족이 즉석 사진을 찍고 나서 로벗슨이 제작한 짧은 영화(Robertson, & Robertson, 1971)를 시청하는 것으로 시작되었다. 영화를 통해 2세 영아가 부모와 분리되는 상황이 어떠한가를 관찰하도록 유도한 계획이었다. 그리고 각 가족은 자신들이 시청한 영화에서처럼 실제로 분리되어 6세 아동들은 연구팀과 함께 '부모와 분리되어 있는 상황이 담겨있는 사진들'을 매체로 하는 실험 인터뷰에 참가하였다. 이 때 인터뷰는 참가한 아이들이 사진 속의 '부모와 떨어져 분리되어 있는 또래 아이들의 상황'을 어떻게 인지하고 느끼는지 그리고 사진 속의 아이들이 어떻게 행동할 것이라고 예측하는지 확인하도록 디자인 되었다. 이후 연구팀은 실험 시작 때에 찍은 즉석사진을 보여주면서 참여한 아동들이 인터뷰에서 보았던 사진 속 친구들과 동일시하지 않도록 도왔다.

실험을 통해 아이들이 사진을 보고 응답한 내용은 다음과 같다. 6세 아동의 애착관계에 대한 내적인 표상이 언어를 통해 어떻게 나타나는지 확인할 수 있다.

"사진 속 아이는 무엇을 할 것 같니?"의 질문에 대한 연구 진행자와 아이들의 대화

- **영아기에 안정형인 아동**

"울어요." (킥킥 웃음) "운다구?" (고개로 끄덕임: '네') "왜 울까?" "왜냐면 얘는 엄마랑 아빠를 정말로 사랑하니까요." "엄마랑 아빠를 정말로 사랑하기 때문에?" "음.. 얘는 무얼 할 거 같니?" "약간 놀거예요."

- **영아기에 회피형인 아동1**

(어깨를 으쓱거림) "생각 좀 해보자. 이 친구의 엄마와 아빠는 2주 동안 멀리 떠나려고 해." (침묵) "엄마 아빠가 떠날 때 이 친구는 어떻게 할 거라고 생각하니?" (침묵) "얘가 뭘 하고 싶을지 알겠니?" (고개를 가로저음: '아니오')

- **영아기에 회피형인 아동2**

"아무것도 안 해요." "아무것도 안 한다구?" "몰라요" "엄마 아빠가 2주 동안 떠나 있을 때 얘는 뭘 할까?" "몰라요" "모른다구. 생각해 볼까?" "싫어요."

아이들의 표현과 같이 영아기의 애착유형에 따른 행동 특징들은 찾아 볼 수 없지만 애착관계의 표상은 사라지지 않았다. 이야기를 통한 소통방식에서 6세 유아기의 유형적 차이를 발견할 수 있기 때문이다.

아이들과는 별도로 연구팀은 부모들을 대상으로 성인애착면접(AAI)을 통해 별도의 인터뷰를 진행하면서 부모의 애착 특징과 유형을 확인하였다. 각각의 인터뷰를 마친 이후에는 영아기 '낯선 상황' 실험 과정에 포함되었던 주 양육자와의 재결합 상황을 지켜보기 위해 놀이방에서 부모와 자녀들과의 재결합 위주의 낯선 상황을 실험하였다. 그리고 연구팀은 이러한 모든 실험 상황을 녹화했다. 하지만 이미 학교생활을 통해 분리에 익숙해진 아이들에게서 영아기 때의 구분 가능한 행동적 특징들을 6세 아동의 실험에서는 찾을 수가 없었다. 메인은 어딘가 숨어있는 여섯 살 유아기 애착유형의 특징을 나타내는 단서가 필요했다.

메인과 연구팀은 녹화된 실험 동영상을 수 십 번 반복하여 관찰하는 수고를 하였고 어느 순간 재결합 상황에서는 뚜렷한 단서를 찾을 수 없었지만 엄마와의 대화에서 아동이 대답하는 장면을 관찰하는 중에 아동 별로 언어

사용과 대화방식에 차이가 있다는 것을 발견할 수 있었다.

예를 들어 안정 애착의 아동들은 엄마와의 대화에서 매우 편안하게 대화하면서 쉽게 친밀감을 형성했지만 영아기 때 혼란형으로 분류되었던 아이들은 엄마의 대화에 아무 반응을 보이지 않았으며 특히 거절하는 방식으로 부모를 통제하려는 경향이 높았다. 또한 회피형의 아이들은 매우 중립적이었고, '예' 또는 '아니요'와 같은 단답식으로 대화를 하였으며, 불안형으로 분류되었던 아이들은 부모와의 대화에서 유연성이 적었고 대화의 양도 적었으며 근접성과 적대감을 동시에 나타내는 특징을 보이기도 했다. 특히 이러한 특징들은 사진을 매체로 한 실험 인터뷰에 나타났던 유아의 언어적 특징과 일치했다.

결론적으로 메인과 연구팀은 엄마와 아동의 대화에 나타난 언어사용과 소통방식의 특징으로 분류한 아동 각 개인의 유형을 5년 전 영아기 '낯선 상황' 실험에서 얻은 각각의 유형과 비교하여 무려 85%의 일치성을 확인했다 (Karen, 1998). 메인이 가지고 있었던 언어학적 전문성이 애착이론이 발달하는데 탁월한 영향을 발휘한 순간이었다. 비록 자신의 전공을 바꾸어야 하는 어려움이 있었지만 그녀의 언어에 대한 식견은 애착연구가 언어기 이전 아동애착에 머무르지 않고 언어기 이후 성인애착으로 확장되는데 큰 공헌을 하였다.

메인은 아동의 초기 애착 경험은 아동으로 하여금 자신의 감정과 행동뿐만 아니라 기억과 인지방법까지 조직하고 방향을 제시하게 만드는 일종의 '**내적 모델**(internal model)'을 발달시킨다고 설명하면서 이렇게 만들어진 내적작동모델(internal working model)에 따라 언어의 패턴이나 마음의 구조가 서로 다르게 형성되기 때문에 언어의 구사방식과 사용 패턴으로 애착 유형을 구분할 수 있다고 해석했다. 결국 그녀는 내적작동모델이 나이에 따라 서로 다른 방식으로 행동에 영향을 미칠 수 있지만 특별히 언어의 사용패턴으로 영아기 이후 유아기부터 성인기에 이르기까지의 애착 유형을 분류할 수 있는 획기적인 실험적 가능성을 제시했다.

그리고 그 결과로서 메인과 연구팀은 1982년 실험에서 부모들에게 사용하여 성인의 마음속에 내재화된 애착관계를 확인했던 반-구조적인 인터뷰 형식의 '**성인애착인면접**(Adult Attachment Interview)' 심리측정 도구를 완성하였다. 그들은 '성인애착면접'을 통해 '낯선 상황 실험'에서 나타난 4가지 애착유형에 상응하는 유형들을 언어 사용패턴에 따라 다음의 표와 같이 구별하였는데 특히 인터뷰 참여자들의 진술이 '그라이스(Paul Grice, 1913~1988)의 네 가지 대화 격률'[8]에 위배되지 않는지 관찰하면서 유형을

낯선 상황 실험	성인애착면접(AAI)
안정형(secure)	안정 자율형(secure-autonomous)
회피형(avoidant)	거부/무시형(dismissing)
저항/양가형(resistant/ambivalent)	집착형(preoccupied)
혼란형(disorganized)	미해결/혼란형(Unresolved/disorganized)

표3-1. '낯선 상황' 실험 애착유형 분류

---

8) 언어 철학자인 폴 그라이스가 제시한 올바른 대화의 네 가지 전제조건을 말한다.
  • 질의 격률: 대화의 본질에 맞는 진실을 말해야한다.
  • 양의 격률: 대화에 요구되는 정보가 필요이상 많거나 적지 않도록 해야 한다.
  • 관련성의 격률: 대화의 주제와 관련성이 있어야 한다.
  • 방법의 격률: 논리적이고 분명하게 말해야 한다.

구분하였다.

메인과 연구팀은 안정-자율형의 경우 그들이 가졌던 어린 시절의 애착 경험들이 감각기관을 통해 기억으로 저장될 때 다른 유형의 경우보다 더 명확하게 의미를 떠올릴 수 있도록 저장되었다고 가정했다. 즉 어린 시절 애착 경험들이 무의식에 저장되어 있다 할지라도 애착경험과 관련된 자극이 주어지면 쉽게 전의식과 의식[9]의 통일성 있는 통합이 이루어지면서 기억에 대한 분명한 대화진술이 가능해 진다고 보았다(Steel, & Steel, 2008).

반면에 불안정 애착 유형들은 무의식에 저장된 애착 경험들이 '억압' 등의 방어기제로 인해 의식세계에 표면화되지 않거나 감정의 지나친 활성화로 올바른 진술을 방해하여 일관적이고 분명한 대화가 불가능하다고 생각했다. 연구팀은 불안정 애착유형의 경우 어린 시절 돌봄의 환경이 일관적이지 못하기 때문에 자신의 애착경험을 어떻게 저장해야 하는지 자극으로 들어오는 정보를 처리하는데 혼란을 겪게 된다고 보았다. 그리고 개인이 처한 어린 시절의 환경에 따라 애착경험을 명확하게 떠올릴 수 있는 기억으로 저장하기도 하지만 어떤 애착경험은 기억을 통해 의식세계로 나오지 못하도록 억압으로 저장될 수 있다고 가정했다.

결론적으로 메인과 연구팀은 성인애착면접을 통해 참여자들이 '과거'에 겪었던 애착경험이 어떠했는지를 묻는 동시에 '현재' 어떻게 그 경험을 느끼고 생각하고 떠올릴 수 있는지를 언어로 표현하도록 하여 애착 경험에 대한 개인별 표상의 차이를 발견할 수 있었고 네 가지 유형으로 그 특징들을 분

---

9) 프로이트는 마음의 구조를 '무의식, 전의식, 의식'으로 구분하여 설명했다. 빙산에 비유하여 물속에 가려진 빙산의 가장 큰 부분에 해당하는 마음의 일부를 무의식이라고 표현했으며 물 위에 떠 있는 부분이 의식에 해당한다고 했다. 전의식은 언제든지 의식으로 떠올릴 수 있는 수면에 해당하는 마음의 일부이다.

류하는데 성공했다. 그들이 관찰했던 각 유형별 참여자들의 대화기술과 기억패턴의 특징은 다음과 같이 요약할 수 있다.

성인애착 유형		특 징
안정- 자율형 (F)	F0	• 생동감있는 언어로 부모에 대한 믿음직한 이미지를 표현함. • 적어도 한 부모로부터 안정감있는 애착관계를 가지고 있으며 애착경험에 대해 공평하고 객관적으로 진술함(부모에 대해 좋은 점과 나쁜 점을 공평하게 진술). • 상담자의 질문을 바로 알며 대화가 일관적이고 협조적이며 명확함. • 애착주제에 대해 이야기 할 때 편안해 하며 자신과 부모관계에 대하여 어려움 없이 반응함. • 그라이스의 대화격률을 크게 위배하지 않음.
	F1	• 모질고 거친 애착적 관심사는 외면하려는 경향을 보임(F1a). • 또는 애착주제에 집중하려는 기회를 제한함(F1b).
	F2	• 애착에 대해 중요하게 생각하지만 말하기 힘든 애착적 관심사는 유머를 사용하여 회피하기도 함.
	F3	• 처음부터 안정형인 그룹(F3a)과 처음에는 불안정형이었지만 이후 안정형에 속한 '획득된 안정형' 그룹(F3b)으로 나뉨.
	F4	• 대체로 지지적인 배경을 대항하는 애착 기억에 다소 집착하는 모습이 보임(F4a). • 또는 불행한 상실이나 트라우마에 약간 집착하는 모습이 보임(F4b).
	F5	• 분개하거나 혼란스런 모습이 보이지만 애착에 대해 지속적으로 관여하면서 대화함.
무시형 (D)	D0	• 애착에 관한 주제를 다루기 꺼려하거나 다루기 힘들어 함. • 질문에 대한 답변이 단답형이고, 사무적이며, 이해를 위한 설명을 하지 않음. • 완벽하게 보이려는 태도, 특히 감정적으로 절제된 태도가 강함. • 어린 시절을 기억하는데 어려워 함. • 표면적 표현과는 달리 증오와 불신이 내적으로 향하여 있음. • 부모에 대한 표현이 모호하며 애착에 관한 진술이 일관적이지 않음. • 그라이스의 대화격률을 크게 위반하며 진술.

성인애착 유형		특 징
무시형 (D)	D1	• 종종 기억이 나지 않는다고 주장하며 질문에 대한 답변을 주로 이상화, 일반화하는 특징을 강하게 보임(예: "우리 엄마는 최고의 사람이에요", "보통이죠", "모든 부모가 자녀를 사랑하지 않나요?" 등).
	D2	• 중요한 애착관계를 무시하거나 경멸하는 내용이 나타남(예: "엄마가 버스를 잘못 탔어요. 글쎄. 애도 아니고....").
	D3	• 감정적으로 제한하는 태도를 강하게 보임(예: 인지적으로는 어린 시절의 상처를 분명하게 재진술하면서 감정적인 개입은 전혀 없는 인지와 감정의 불일치).
집착형 (E)	E0	• 어린 시절 받았던 상처의 감정이 그대로 지금까지 살아있는 듯 표현함. • 어린 시절의 내용은 부모를 기쁘게 하려는 노력들로 가득 참. • 분노와 절망으로 어린 시절을 묘사. • 어린 시절 부모를 돌보는 역할로 자신을 표현함. • 과거를 회고할 때 여전히 그들의 부모와 인지–감정적으로 엉겨있어서 영아기 감정들로 가득 차 있으며 당황케 함. • 때때로 자신이 낯선 사람과 공식적인 인터뷰 중이라는 사실을 망각한 것처럼 보임. • 기억들이 일관적이지 않으며 혼란스럽게 표현됨. • 주로 말이 많으며 문법적으로 뒤엉키며 불필요한 표현들로 가득 참. • 그라이스의 대화격률을 크게 위반하며 진술.
	E1	• 수동적 집착형(passively preoccupied)으로 부모의 부정적인 측면에 대해서는 크게 이야기하지 않아 축소된 형태를 보이지만 불필요한 표현들을 많이 사용함. • 대화 주제에 대해 머물지 못하고 과거 어린 시절의 다른 긴 이야기를 늘어놓아 원하지 않는 주제를 벗어나려 함.
	E2	• 분노로 가득 찬 집착형(angrily preoccupied)으로 과거의 사건들과 부모가 잘못한 부분, 서운한 부분에 대해 자세하게 진술하는 특징을 보임. • 대화 주제를 끊지 못하는 특징이 있음.
	E3	• 두려움으로 가득 찬 집착형(fearfully preoccupied)으로 현재의 대화주제가 아닌데도 갑자기 두려웠던 과거 사건을 이야기함(예: 엄마와의 좋았던 추억이 주제인데 갑자기 아빠가 술을 먹고 엄마를 구타했다는 이야기를 진술함).

성인애착 유형	특 징
미해결/혼란형 (U)	• 상실에 관한 경험이나 학대받은 경험 등을 이야기 할 때 심각한 논리적 실수가 보임(예: 죽었다고 진술한 사람을 현재 살아 있는 것처럼 진술). • 대화 중 장시간 침묵을 보이거나 찬사를 늘어놓음. • 세대 간 유형의 전이가 심함.

Note. 출처: Main, Kaplan, & Cassidy(1985), Karen(1994), Steel & Steel(2008) 참고하여 요약함.

표3-2. 성인애착유형분류

┃ 세대 간 전이연구 ┃

에인즈워스의 획기적인 애착유형 분류의 실험 이후, 메인은 자신의 연구를 통해 영아기에 머물러 있던 애착실험을 성인기로 확장하는 놀라운 공헌을 하였다. 그녀는 성인기 애착유형을 확인하면서 동시에 애착현상이 세대 간으로 전이될 수 있다는 사실도 확인했다. 그녀는 실험에서 부모가 가진 애착 관계적 특징들이 자녀들의 애착 행동과 대화패턴에 상호 관계가 있다는 것을 제시했다. 메인은 부모의 마음상태에 나타난 애착에 관한 특징들을 자녀가 초기 관계를 통해 경험할 때 자녀들은 그 특징들을 하나의 **'규칙'**으로 내면화하게 되어 결국 세대 간으로 전이가 가능하다고 보았다. 부모와의 애착관계에서 강화된 이러한 규칙들은 자녀의 감정, 행동, 인지, 기억 등 전반적인 정신작용에 적용되어 자녀가 살아가는 동안 행동과 대화패턴에 영향을 주게 되는데 이것은 결국 자녀의 애착 관계적 특징들로 구조화되어 같은 방법으로 다음 세대에도 전이가 가능하다는 것을 설명했다.

메인의 성인애착 연구 이후 애착의 세대 간 전이에 관한 많은 연구들이 진행되었다. 하지만 어떻게 애착에 대한 엄마의 마음상태가 자녀에게 전달될 수 있는지(표상화)에 대해 명쾌한 답을 제시하지 못하고 있다는 자성의 목소리도 있었다. 메인의 세대 간 전이에 대한 발견이 결과적으로는 이해가 되지만 타당성을 확인하는 것은 보다 명확한 설명이 필요하다고 느꼈기 때문이었다. 반 아이젠돈(van IJzendoorn, 1995)은 메타분석을 통해 부모의 애착 유형이 자녀의 유형을 예측할 수 있다는 결론을 제시하면서도 이러한 애착 전이 현상에 대한 부족한 타당성을 '**전이의 공백**(the transmission gap)'이라는 용어로 정의했다. 이후의 애착 연구에서는 전이의 공백을 채우기 위한 많은 연구들이 진행되었다. 특히 포나기와 스틸 부부(Fonagy, Steel, & Steel, 1991)가 실시한 '**런던 부모-자녀 프로젝트**(the London ParentChild Project)'는 전이의 공백에서 발생한 애착현상의 부족한 타당성을 설명한 시도 중 하나였다.

그들은 연구에서 얼마 후 첫째 아이를 출산하게 될 100명의 임산부 엄마들을 대상으로 '성인애착인터뷰'를 사용하여 애착유형을 측정하였다. 그리고 자녀가 출생한 후 1년이 되었을 때 이들 중 96명의 엄마들이 아기와 함께 애착 유형 측정을 위해 '낯선 상황 실험'에 참여하였다. 아기가 태어나기 전에 측정한 부모의 애착유형이 얼마나 세대전이를 예측할 수 있는지 알기 위한 목적이었다. 놀랍게도 안정형과 불안정형으로 예측할 수 있는 확률은 무려 75%에 이르렀다. 애착유형전이가 '엄마의 마음상태'라는 하나의 조건만으로도 예측이 충분하다는 것을 알 수 있는 대목이었다.

포나기(Peter Fonagy)는 실험에서 얻은 통계적 결과 제시만으로 애착의 전이에 대한 설명을 그치지 않았다. 그는 전이현상이 일어나는 과정을 정신분석적 설명을 통해 명쾌하게 제시하였다. 포나기는 엄마가 자신의 감정과 행동에 관해 스스로 생각해 볼 수 있는 성찰적 능력이 얼마나 되느냐에 따라 안정형과 불안정형으로 나뉠 수 있다고 가정했다. 그는 **성찰적 기능**(reflective functioning)이 뛰어난 엄마는 자연스럽게 자녀의 감정과 행동 역시 자녀의 입장에서 객관적으로 이해하고 반응할 수 있는 능력이 강하기 때문에 이러한 엄마 아래에서 자란 자녀들은 엄마의 마음상태에 영향을 받지 않는 안정된 '자신만의 마음'을 형성할 수 있다고 보았다. 하지만 반대로 엄마의 성찰적 기능이 빈약하게 되면 자기와 타인의 마음을 이해하는데 어려움을 겪게 되어 자녀의 정서와 행동을 이해할 수 없게 되고 엄마의 혼란한 마음상태를 그대로 자녀에게 노출시켜 자녀는 불안정한 마음을 형성하게 된다고 보았다.

메인 역시 성인애착을 설명하면서 자신을 스스로 돌아볼 수 있는 메타인지능력[10]을 강조했지만 포나기는 메타인지적 성찰기능과 함께 정서조절을 강조하였다. 특히 자기 또는 타인의 마음상태에 담겨있는 감정과 행동에 대한 성찰적 이해과정을 '**정신화**(mentalization)'라고 정의하였다. 결국 포나기의 정신화에 대한 설명은 애착의 전이현상에 대한 타당성을 제시하였고 반 아이젠돈이 제기한 '전이의 공백'을 채울 수 있는 적절한 해답으로 작용하였다. 이후 슬래이드와 동료들(Slade et al., 2005) 역시 포나기의 성찰적 기능이 애착의 세대 간 전이에서 핵심적인 역할을 한다는 것을 입증하였다. 그들은 연구를 통해 안정애착유형의 엄마들이 다른 유형의 엄마들보다 더 높은 성찰적 기능을 발휘했다고 설명하였다.

---

10) 메타인지란 '생각하기에 대한 생각하기'를 말한다. 즉 제3자의 입장에서 내 생각을 객관적으로 점검하고 검증할 수 있는 정신과정이다.

애착의 세대 간 전이에 대한 연구 중 또 하나의 주목할 만한 연구는 비노이트와 파커(Benoit, & Parker, 1994)의 3세대에 걸친 애착 유형 전이에 대한 장기 연구(a longitudinal study)라고 할 수 있다. 그들은 연구에서 할머니와 딸과 손자, 손녀에 이르는 3대의 애착유형이 세대 간 전이현상을 일으킨다는 결과를 제시했다. 특히 출산 전 엄마의 애착유형으로 출산 후 아기의 유형을 예측할 가능성은 포나기의 런던 프로젝트 결과보다 높은 81%였으며(3가지 유형분류 시), 할머니를 포함하여 3세대로 전이될 가능성도 75%(3가지 유형분류 시)에 이르렀다. 이와 비슷한 최근 연구에서는 할아버지와 할머니, 부모 그리고 자녀에 이르는 3세대의 전이를 확인하였다. 이 연구에서는 오직 2명의 여성 양육자 즉 엄마와 할머니가 모두 있을 때 애착 유형 전이가 강하게 나타났다고 설명했다. 바꾸어 말하면 3세대 중 여성 양육자가 1명이거나 없는 경우는 애착전이가 형성되지 않았다(Cassibba et al., 2017).

∣ 애착의 신경과학적 연구 ∣

세대 간 전이 연구와 더불어 애착이론의 확장에 공헌한 연구 분야를 꼽자면 애착이론에 대한 신경과학적 접근에 관한 연구이다. 신경과학적 접근은 세대 간 전이 연구에서 발견하지 못했던 많은 원인론적 해답을 제시해 주고 있다. 1950년대 이후 신경과학 분야는 컴퓨터의 발달과 함께 가속적인 발달을 이루었다. 1992년에는 미국에서 '세계 뇌 주간(World Brain Awareness

Week)'을 공포하면서 국가 차원의 뇌 과학의 중요성을 알렸다. 이후 매년 '뇌 주간'을 통해 뇌 과학에 대한 관심은 전 세계로 확산되면서 지금은 미국 뿐만 아니라 세계 여러 곳에서 과학기술 및 정부기관 전문가들이 모여 뇌 과학의 중요성과 가치를 확장시키고 있다. 현재 21세기를 '뇌의 시대'라고 부를 만큼 뇌 과학 분야는 심리학 계열뿐만 아니라 다른 기술 분야와의 융합을 통해 눈부신 발전을 이루고 있다.

애착이론 역시 뇌 과학과 연계하여 애착이론의 주요 내용을 신경 과학적인 입장에서 설명하려는 시도들이 증가했다. 특히 인간관계를 형성하는 과정에서 일어나는 세포 단위의 변화를 설명하려는 시도들은 애착 유형의 다양한 특징들을 더욱 분명하게 이해할 수 있는 눈을 열어 주었다. 예를 들어 코졸리노(Cozolino, 2002, 2006, 2014)는 인간관계 가운데 작용하는 신경 생리적 현상들을 애착이론과 접목하여 설명하였다. 특히 그는 신경과학 분야의 기초개념들을 관계-심리학적으로 재해석하여 세포수준에서 일어나는 다양한 현상들을 어떻게 애착관계에 적용할 수 있는지 그리고 어떻게 상담 현장에서 활용할 수 있는지 설명하였다.

그의 책에서 제시된 '사회적인 뇌', '사회적 시냅스', '사회적 항상성' 등과 같은 개념들은 신경생리학적 용어들을 관계-심리학적 환경에서 재해석하여 만들어 낸 개념들이다. 그와 비슷하게 대인관계를 뇌 과학적 관점에서 연구했던 또 다른 대표적인 학자로는 시젤(Siegel, 2012)을 들 수 있다. 그는 관계 안에서 어떻게 인간의 마음이 형성되는지 신경생리학적으로 접근하여 연구하였다. 특히 뇌의 구조적 기능이해와 더불어 관계와 애착 등을 실제적인 삶의 적용차원에서 설명하였다.

애착에 대한 신경과학적 연구는 '관계'에 대한 측면뿐만 아니라 '정서조절'

의 측면에서도 꾸준하게 연구되어왔다. 쇼어(Schore, 1994)는 인간의 정서적 발달에 대한 신경생리학적 연구에 공헌하였다. 그의 연구는 초기 영아기의 두뇌발달과정에서의 정서적 발달, 정서조절, 우반구의 역할 등을 생물학적 견지에서 상세하게 다루고 있다. 예를 들면 주 양육자와의 관계에서 시각적 경험이 어떻게 사회적 정서발달에 영향을 미치는지를 제시하기도 했다. 그는 또한 초기 애착관계에서 정서조절을 배우는데 실패할 경우 나타날 수 있는 다양한 심리장애들을 신경생리학적 관점에서 설명하였다(Schore, 2003).

이 밖에 애착관계가 뇌의 특정 부위의 기능에 어떤 영향을 미치는지에 대한 연구도 꾸준히 진행되고 있다. 노어먼과 그의 동료들(Norman et al., 2014)은 애착관계가 편도체(amygdala)의 기능에 어떻게 영향을 미치는지 연구하여 안정애착은 위협 상황과 관련된 편도체의 활성화 기능을 진정시키는 역할을 한다고 설명하였다. 그리고 퀴린과 그의 동료들(Quirin et al., 2010)은 애착과 해마(hippocampus)의 기능 연구를 통해 불안정 애착관계는 기억을 담당하는 것으로 알려져 있는 해마의 세포 밀도를 감소시킨다는 결과를 제시하기도 했다.

이와 같이 현재 애착이론의 연구는 신경 과학과 연계하여 지속적으로 확장되고 있다. 주 양육자와의 보이지 않는 인간관계의 상호작용에 관한 이론 연구로 시작하여 현재는 보이는 세포적 연구를 넘어 분자생물학적 수준으로 연구의 범위가 확장되고 있다. 이와 같은 견지에서 볼 때, 결국 애착이론은 크게 세 단계에 걸친 혁명적 발전을 통해 현재에 이르렀다고 할 수 있다. 첫째는 철학적 이론에서 실험 가능한 이론으로의 확장이다. 애착이론의 실험가능성의 중심에는 에인즈워스의 우간다 연구 및 '낯선 상황' 실험이 있다. 에인즈워스의 실험에서 얻은 결과가 없었다면 현재의 애착이론은 기대하기 힘들었을 것이다.

둘째는 생애 초기에 머물러 있던 애착에 대한 실험에서 전 생애 실험으로의 확장이다. 두 번째 단계의 실험에서 핵심적인 인물은 메인이다. 그녀를 비롯한 성인애착과 세대 간의 전이에 대한 여러 연구가 없었다면 영아기의 애착관계의 영향이 성인기까지 이른다는 보울비의 주장은 그저 가능성으로만 남겨져 있었을지도 모른다. 메인의 연구로 말미암아 애착이론이 성인애착으로 발전한 사실에 대해 케런(Karen, 1994)은 애착 연구의 '두 번째 혁명'이라고 기술하고 있다.

애착이론에 대한 세 번째 혁명적 발전은 뇌 과학적 입장에서의 접근이라고 할 수 있다. 애착이론이 신경 과학으로 확장되었다는 데 대한 중요한 가치는 급변하는 시대 변화의 속도에 발맞추어 애착이론이 발전하고 있다는 데 있다. 하나의 이론이 꾸준히 업데이트되면서 시대의 이슈와 함께 발전해 간다는 것은 이론의 안정성과 함께 개방성을 뒷받침해 준다고 할 수 있다. 프로이트의 정신분석과 대상관계이론의 영향아래 시작되었으나 애착이론은 현재 뇌 과학적인 접목을 넘어 인공지능(artificial intelligence) 시뮬레이션의 이론적 구조에 영향을 미치기까지 변화와 확장을 거듭하고 있다. 그러므로 애착이론에 대한 신경과학적인 이해는 과거의 실험적 결과에 대한 원인론적인 설명을 제공할 뿐만 아니라 미래 인공지능 분야의 실험적 적용을 위한 다양한 접목을 이루게 한다.

| 인공지능과 애착이론 |

현대 인지심리학과 뇌 과학은 컴퓨터 공학과의 제휴를 통해 인공지능이라는 새로운 분야를 열어가고 있다. 최근 애착이론 분야에서도 인공지능 분야와 다양한 접목을 시도하고 있다(Petters, & Beaudoin, 2017; Petters, & Waters, 2010; Petters, 2004). 보울비의 애착이론은 행동과 인지체계가 어떻게 상호작용하고 있는지 다루고 있기 때문에 인공지능 분야에 절대적으로 필요한 구성요건을 잘 갖추고 있다. 특히 보울비(Bowlby, 1969, 1982)가 설명했던 애착행동에 관한 이론적 배경이 '**시스템 제어 이론**(control systems theory)'에 근거하고 있다는 것은 인공지능 분야와의 접목과 제휴가 매우 이상적으로 이루어질 수 있다는 것을 시사한다.

여기서 시스템 제어 이론이란 동적인 기계 시스템(dynamical systems)이 최적화된 상태에서 제어 과정을 통해 안정적으로 원하는 출력을 얻을 수 있도록 하는 기계공학적 조절 기전에 관한 이론을 말한다. 다시 말하면 기계가 하나의 시스템으로 작동하는데 어떠한 구간에서든 지체 현상이나 정해진 시간보다 빠르게 작동하는 현상이 일어나지 않고 정확한 시간에 목표한 결과를 안정적으로 이끌어 내도록 내·외부적 방해 요인을 통제하는 기술을 다루는 이론이다.

예를 들어 자동차의 크루즈 컨트롤은 외부 환경의 다양한 변수를 통제하고 일정한 속도를 유지하도록 만드는 제어장치이다. 일정한 속도 출력을 방해하는 오르막길이나 내리막길과 같은 환경 변수가 입력되면 그에 맞는 제어과정을 통해 속도의 변화를 통제하고 일정한 출력을 내도록 조절한다. 외부 환경의 온도변화를 통제하여 목표된 온도를 유지하는 에어컨이나 온풍기도 마찬가지다. 설정된 온도가 일정하게 유지될 수 있도록 환경의 변수를 제어하는 기술이 적용되어 있다. 이와 같이 일상의 많은 기계들이 시스템 제어이론에 의해 고안된 제어장치를 통해 기계시스템이 안정적으로 구동하고 목표된 결과를 출력하도록 설계되어 있다. 그리고 이러한 제어 시스템들은 일반적으로 다음과 같은 과정을 거친다.

애착이론에서 설명하는 애착행동은 사실 시스템 제어이론과 많은 부분을 공유한다. 보울비는 본능적으로 생존을 위해 엄마와 가까이 하려는 아기의 애착 행동이 유전적으로 설정된 제어시스템(control system)에 의해 일어난다고 설명한다(Bolwby, 1969, 1982). 즉 모든 인간은 유전정보에 의해 본능적으로 설정된 프로그램에 따라 뇌의 회로가 제어기(regulator)의 역할을 할 수 있도록 다양한 호르몬이 기능하며 환경의 역할이 그 과정에서 복합적으로 작용한다. 그리고 아기의 제어시스템이 작동하는 조건에는 물리적 거리와 감정이라는 도구가 사용된다. 보울비는 엄마와 아기 사이에는 서로 근접애착을 유지하려는 역동적인 균형의 힘(dynamic equilibrium)이 존재하여서 아기가 엄마와의 거리가 멀어지면 불안하게 되어 근접행동(proximity behavior)을 일으키고, 반대로 거리가 가까워지면 엄마로부터 안정감을 얻고 주변 탐험을 위해 다시 거리가 멀어지는 행동을 한다고 설명한다. 그리고 이러한 상호작용이 반복되면서 환경에서 최적의 상태를 유지할 수 있는 개인적 설정을 정하여 개인의 애착 행동체계를 만들어 간다고 가정한다.

이러한 시스템 제어이론과 애착이론의 행동체계는 인공지능의 측면에서도 찾아 볼 수 있다. 물론 유기체와 기계 사이의 근원적인 차이는 뛰어넘을 수 없다. 예를 들어 인공지능의 경우 출력을 위한 목표설정이 인간의 코딩작업에 의해 이루어지지만 인간의 애착행동 설정은 유전자에 의해 스스로 조절 할 뿐만 아니라 양육자와의 관계를 통해 최적의 설정을 만들어 갈 수 있다는데 두 분야의 제어시스템의 근원적 차이가 있다. 하지만 현재 인공지능 분야에서 화제가 되고 있는 딥 러닝(Deep Learning) 알고리즘에 의한 목표설정이나 제어의 경우 주어진 빅 데이터 내에서 스스로 학습하고 비교하여 제어하는 것이 가능한데 이것은 아기가 양육자와의 관계에서 스스로 최적의 설정을 만들어 애착행동을 결정하는 것과 유사하다.

결국 애착이론이 말하고 있는 제어시스템과 최적의 설정을 통한 시스템의 안정화가 같은 맥락에서 이루어지고 있다. 이러한 측면에서 애착이론은 앞으로의 인공지능의 발달에 많은 아이디어를 제공할 수 있으며 특히 애착이론의 신경생물학적인 연구 결과들은 딥 러닝의 인공신경망 체계에 바탕을 둔 다양한 적용에도 많은 영향을 미칠 수 있다.

애착이론이 인공지능 분야와 함께 발전할 수 있는 또 다른 이유는 인지개념에 대한 공유이다. 제어이론이 애착이론과 맥락을 같이 할 수 있었던 이유는 외부 환경의 영향을 개체 내에서 조율하여 환경과의 조화를 이끌어 낸다는 개념을 공유하기 때문이다. 그런데 환경과의 조화는 제어이론뿐만 아니라 인지이론에서도 함께 공유하고 있다. 바로 **'4e 인지**(4e cognition: embodied, embedded, extended, & enacted)'에 대한 이슈이다(Menary, 2010).

'4e 인지' 개념은 사람의 마음에서 일어나는 인지가 신체와 환경의 맥락 속에서 상호작용을 통해 발생한다고 설명한다. 다시 말해서 인지한다는 것은 끊임없이 들어오는 외부 자극에 의해 방해를 받는 현재의 마음상태를 다루는 과정을 말한다. 즉 '유기체와 환경 사이의 상호작용' 또는 '유기체의 환경에 대한 관리'가 곧 인지라는 의미이다. 그러므로 개인의 마음에서 일어나는 인지는 뇌와 감각기관이라는 육체적 조건과 환경의 자극이라는 조건이 없이는 생성될 수 없다(Bourgine, & Stewart, 2004).

보울비는 유전에 의한 영향만 강조하지 않았다. 그는 인간을 유전적 영향뿐만 아니라 환경적인 변수에 끊임없이 노출되면서도 제어를 통해 환경과 조화를 이루고 '자기'를 형성해 가는 존재로 보았다. 그런 의미에서 특히 인간의 인지와 관련하여 환경의 다양한 변수를 제어하는 과정을 다음과 같은 애착이론 개념들을 통해 적용해 볼 수 있다.

- **애착제어시스템(attachment control system)**
  출생 전부터 만들어지는 행동체계로 출생 즉시 활성화되어 생존을 위해 엄마를 찾는 행동으로 나타날 수 있다. 하지만 보울비가 제시한 애착제어시스템은 프로이트가 제시한 무의식적 본능으로 작동한다기보다는 목적을 가진 동기에 무게를 두어 환경에 적극적으로 반응하는 인지행동체계로서 작용한다.

- **내적작동모델(internal working model)**
  엄마(애착대상)와의 상호관계와 환경의 경험을 통해 구조화되는 인지체계로서 내적작동모델에 의해 반복적으로 경험된 애착의 기억들은 관계에 대한 '규칙'으로 작용하여 대상과 환경에 대한 예측을 가능하게 한다. 인공지능의 딥 러닝 알고리즘(반복된 다양한 이미지의 학습을 통해 규칙을 만들어 대상을 인식하는 방식)이 제시하는 접근방식은 내적작동모델과 매우 유사하다.

• 애착전략(attachment strategy)

엄마(애착대상)와의 상호관계에서 아기가 엄마의 행동을 이해하고 최적의 마음상태를 유지하기 위해 선택하는 전략으로 애착유형에 따라 두 가지 전략으로 구분되어 있으며 인지체계와 깊이 연관되어 있다. 엄마와의 친밀한 상호관계를 반복적으로 경험하면 내적작동모델을 통해 아기는 엄마라는 대상을 안전기지로 인지하여 일차적 애착전략(primary attachment strategy)을 사용하지만 엄마의 돌봄이 불안정하면 아기는 엄마의 불안정한 행동에 반응하는 이차적 애착전략(secondary attachment strategy)을 사용한다. 즉 아기와 엄마와의 상호관계에서 발생한 체현된 인지(cognition embodied)에 따라 아기는 최적의 상태를 유지하기 위해 전략의 방향을 정하게 된다. 하지만 경험의 질(質)이 바뀌게 되면 인지의 방향, 전략의 방향도 바뀔 수 있다. 유기체가 가진 인지의 자가생산(autopoiesis)[11]적 특징 때문이다. 인공지능의 자율학습(unsupervised learning)은 인지의 자가생산 기능이 적용된 예라고 할 수 있다.

결과적으로 애착이론을 구성하는 다양한 개념들은 인공지능에서 나타나는 현재의 현상들을 뒷받침해 주고 있을 뿐만 아니라 미래를 위한 새로운 적용점을 위한 단서이기도 하다. 인공지능이 다양한 산업분야에서 적용되고 있는 만큼 인공지능의 여파는 앞으로의 사회변화에 적지 않은 영향을 미칠 것이다. 하지만 분명한 것은 인공지능의 기술은 사람에 대한 이해를 기반으로 한 모방과 연습을 통해 구체화된다는 사실이다. 애착이론이 인간의 내면세계가 어떻게 구조화되어 '자기'를 형성해 가는지 '사람에 대한 이해'를

---

11) 인지의 자가생산: 유기체는 끊임없이 환경과 상호작용한다. 여기서 발생하는 계속되는 인지의 생산과 그로 말미암은 인지의 변화와 추이를 말한다. 자가생산은 개체가 가진 한계조건(boundary condition)의 제어와 조절을 강조한다.

설명한다는 것은 인공지능 분야에 대한 학제적 연구가 보다 활성화될 수 있으며 보다 긴밀한 상호작용이 가능하다는 것을 의미한다.

| 애착이론과 종교심리학 |

신(神)에 대한 개념을 심리학적으로 적용한 기원은 프로이트까지 거슬러 올라간다. 그는 신이란 '아버지에 대한 개인의 심리적 투사'라고 정의했다 (Freud, 1913/1952). 그의 투사이론을 시초로 이후 많은 심리학자들이 다양한 확장된 투사이론을 제시해왔다. 신에 대한 이미지 연구로 잘 알려진 리주토(Ana-Maria Rizzuto)는 프로이트의 견해를 확장하면서 양쪽 부모가 모두 신에 대한 이미지 형성에 주요한 역할을 한다고 주장했으며(Rizzuto, 1979), 최근의 연구는 신에 대한 이미지는 아빠보다는 엄마의 영향에 기인한다고 설명한다(Dickie et al., 2006). 이와 더불어 부모와 같은 타인의 영향보다는 자아존중감과 같은 자기 내적 투사가 더 중요하다는 연구도 있다 (Buri, & Mueller, 1993).

'신(神) 애착이론(God attachment theory)'은 이러한 신에 대한 심리적 이미지 연구의 맥락에서 종교심리학자인 컬크패트릭(Lee A. Kirkpatrick)에 의해 제시된 새로운 대안이다. 신에 대한 애착연구가 다른 투사이론들과 차별되는 점은 애착이론에서 이미 제시된 방대한 연구결과를 토대로 신에 대한 심리현상을 설명하고 있기 때문에 신에 대한 개념 또는 이미지가 형성되는 심리적 역동성을 쉽게 예측할 수 있다는 점이다. 컬크패트릭

(Kirkpatrick, 2005)은 개인이 신에 대한 이미지를 형성하는 과정을 설명하기 위해 **일치가설**(correspondence hypothesis)과 **보상가설**(compensatory hypothesis)을 사용하였다. 일치가설의 핵심은 아동이 애착대상과의 초기 관계에서 내재화한 부모에 대한 표상은 이후 자신의 종교에서 경험하는 신에 대한 이미지와 일치한다는 내용이다. 반면에 보상가설은 불안정 애착을 형성한 개인의 경우 자신의 불안정한 애착대상을 대체하여 안정감을 보상받기 위해 종교적으로 신에 대한 필요를 더 강하게 그리고 상황에 따라 갑작스럽게 느낀다는 설명이다.

하지만 일치가설이든 보상가설이든 '신(神) 애착이론'은 보울비(Bowlby, 1969, 1982)가 제시한 내적작동모델에 강한 영향을 받는다[12]. 어린 시절 애착대상과 형성한 관계의 질이 자기와 타인에 대한 내적작동모델을 만들게 되는데 이는 애착대상과의 관계가 안전한가, 불안전한가를 반영한다. 특히 보울비는 개인의 내적작동모델에 의한 반응체계는 자신과의 관계뿐만 아니라 타인과의 관계의 질이 어떠한지를 나타냄과 동시에 내적작동모델에 의한 반응패턴은 일생동안 지속되는 경향이 있다고 설명했다.

이에 대하여 컬크패트릭(Kirkpatrick, 1992)은 애착이론의 내적작동모델이 개인의 종교적 심리상태를 설명할 수 있다고 가정하였으며 결과적으로 부모와 안정적인 애착을 형성한 사람들이 자신의 종교의 신과의 관계에서도 강한 유대감과 함께 신에 대한 긍정적인 이미지와 긍정적인 감정반응을 보인다는 일치가설의 사실을 확인했다. 또한 그가 '신(神) 애착이론'을 제

---

12) 내적작동모델이란 개인이 애착대상과 생애 초기에 관계를 맺고 서로를 경험하면서 만들어진 '대상과 관계를 이해하는 내면의 규칙들'로서 자기와 타인과 세계를 이해하는데 사용된다. 4장의 '내적작동모델' 부분을 참조.

기한 이후 관련 연구에 대한 관심이 증가함에 따라 후속 연구에서도 비슷한 결과들을 보고하고 있다. 예를 들어 상당수의 연구들이 부모와의 안정된 애착을 형성할수록 사랑을 베푸는 신의 이미지를 형성하는데 높은 상관관계를 보였으며 (Granqvist, Mikulincer, Gewirtz, & Shaver, 2012; Reinert, & Edwards, 2009 등), 부모와 불안정 애착을 형성한 경우 신이 자신에게서 멀리 떨어져 있다고 느꼈으며, 자신을 통제하는 신의 이미지와 높은 상관관계가 있었다(Granqvist, Mikulincer, Gewirtz, & Shaver, 2012; Kirkpatrick, & Shaver, 1992 등).

컬크패트릭과 셰이버(Kirkpatrick, & Shaver, 1990)가 실시한 보상가설에 대한 연구의 경우 안정애착과 불안정애착에 대한 내적작동모델의 영향은 부모와의 애착관계와 반비례했다. 예컨대 부모와 회피애착을 형성한 경우 안정애착을 형성한 사람들보다 더 강한 종교성 수준을 나타내어 신에 대한 강한 필요성을 느끼고 있었으며 갑작스런 종교적 회심에 대한 경험에서도 회피유형이 더 많은 빈도를 보였다. 하지만 이러한 결과들이 회피유형이 신에 대한 긍정적 이미지를 더 강하게 내포한다고 해석하기는 어렵다. 왜냐하면 회피형의 내적작동모델은 안전기지가 되어야 할 애착대상이 회피적 반응으로 부재하여 불안을 기초로 형성된 작동모델이기 때문이다. 그러므로 이러한 경우 애착대상의 부재상태에서 애착대상을 대체하여 나타나는 기대보상심리가 더 강하게 작용했다고 설명할 수 있다.

'신(神) 애착이론'은 내적작동모델에 의해 형성된 신에 대한 개인의 이미지를 설명하기도 하지만 애착이론에서 제시하는 다른 주요개념과도 깊은 관련성을 전제로 한다. 먼저 애착이론에서 아기가 애착대상을 찾아 근접성을 추구하는 것과 같이 종교에서는 신도들이 신과 가까이 하려는 근접성을 추구한다는 면에서 일치한다. 실제적으로 신도들의 종교의식, 기도, 경전묵상 등의 실천사항들은 신과 가까이 하려는 근접성과 관계한다. 그랜퀴비스트와 컬크패트릭(Granqvist, & Kirkpatrick, 2008)은 신도들이 신과 근접성을 유지하는 가장 중요한 방법으로 '**기도**'를 제시했다.

이에 더하여 애착대상이 제공하는 안전기지와 안전한 도피처 역할의 경우 신도들을 향한 신의 돌봄과 매우 흡사하다. 마치 아기가 애착대상에 대하여 세상을 탐험하기에 충분한 안전기지로서 인식하여 자율성이 발달하는 것처럼 기독교와 같은 유일신의 경우 신의 특성으로서 전지전능(omniscient-omnipotent)과 편재성(omnipresent)을 설명하기 때문에 신도들은 신을 안전기지로 느끼면서 세상으로 나아갈 자신감을 느낀다.

또한 안정애착의 아기들은 위험을 직면할 때마다 애착대상을 안전한 도피처(safe haven)로서 활용하는데 보울비(Bowlby, 1969, 1982)는 일반적으로 아기들이 특별히 세 가지 상황에서 안전한 도피처를 필요로 한다고 제시했다. 첫째, 환경적 사건으로 인해 놀랄 때, 둘째, 질병이나 부상을 당할 때, 마지막으로 애착대상으로부터 분리될 때이다.

이와 비슷하게 종교에서 신도들은 자신의 삶에서 실패, 상실, 질병, 부상 등과 같은 어려움에 직면할 때 신과 친밀한 관계에 있는 신도들은 자신이 믿는 신을 안정감의 근원이라고 믿기 때문에 안전한 도피처로 활용한다.

결론적으로 '신(神) 애착이론'은 개인의 애착유형이 신에 대한 이미지와 삶에서의 종교적 실천에 어떻게 영향을 미치는지 단서를 제공한다. 특히 애착유형별로 개인이 애착대상과의 관계에서 내면화시킨 내적작동모델이 신과의 관계에서도 동일하게 작용한다는 사실을 확인할 수 있다.

안정 자율형의 사람들은 신과 자신과의 관계적 측면을 인식할 때 신과 자신을 동반자적 관계로 묘사하는 특성을 보이며, 감정적으로 신은 따뜻한 분이시며 자신과 상호관계하시며 반응하시는 분으로 느낀다. 또한 자신을 지지하고 보호하고 용납하는 분으로 인식하여 초기관계에서 애착대상과 형성한 안정애착 유형의 특징들을 공유한다(Granqvist, Mikulincer, Gewirtz, & Shaver, 2012; Reinert, & Edwards, 2009; Granqvist, & Kirkpatrick, 2008).

반면에 불안정 거부형의 사람들은 신이 인격적이지 않고 멀리 계시며, 종종 자기 개인의 일이나 문제에 대해서는 별 관심이 없는 분으로 느낀다. 그들은 신과 깊은 감정을 나누는 것이 어려우며 깊은 관계를 형성하기가 어렵다. 이러한 점들은 거부유형의 특징과 대부분 공유한다. 또한 불안정 집착형의 사람들은 자신을 대하는 신의 반응이 일관적이지 않고 변덕스럽다고 생각한다(Granqvist, Mikulincer, Gewirtz, & Shaver, 2012; Granqvist, & Kirkpatrick, 2008; Kirkpatrick, & Shaver, 1992). 또한 신에 대한 양가적 감정과 태도를 가지고 있다는 점도 집착유형의 특징과 일치한다. 이와 같이 개인의 애착유형에서 보이는 타인에 대한 작동모델들은 신과의 관계에서도 동일하게 나타난다.

CHAPTER 4
애착이론의 심층구조

CHAPTER 4

애착이론의 심층구조

| 내적작동모델 |

엄마는 하나인데 자녀들이 인지하는 엄마의 이미지는 왜 제각기 다를까? 똑같은 집안에서 성장하고 같은 학교를 다녔는데 자녀들이 세상을 바라보는 시각과 자신을 바라보는 입장이 서로 다른 이유는 무엇일까?

사람들은 제각기 '자신의 방식대로' 생각하고, 느끼고, 행동하기 때문이다. 여기서 말하는 '자신의 방식'에 대한 구조적인 개념을 애착이론은 '**내적 작동모델**(internal working models)'이라고 말한다. 내적작동모델이란 개인이 애착대상과 생애 초기에 관계를 맺고 서로를 경험하면서 만들어진 '**대상과 관계를 이해하는 규칙**'이라고 할 수 있다. 결국 이러한 규칙은 개인의 내면(internal)에서 작동하는(working) 일련의 모델들(models)이 되어 자신의 규칙에 따라 세상을 바라보고, 자신을 이해하고, 대상과 관계를 맺도록 돕는다(도표 4-1. 참조). 보울비는 내적작동모델에 대하여 다음과 같이 함축적으로 설명한다.

각 개인은 세상과 자신에 관해 (내적으로) 작동하는 모델들을 만든다. 그리고 그 모델들의 도움으로 개인은 사건을 이해하고, 미래를 예측하며, 자신의 계획을 수립한다. 그가 만든 '작동 모델들(세상에 관한)'의 두드러진 특징은 누가 그의 애착 대상들인지, 어디에서 그 애착대상들을 찾을 수 있는지, 그리고 어떻게 그들이 반응할지를 예측할 수 있다는 점이다. 이와 비슷하게, 그가 만든 '작동 모델들(자신에 관한)'의 두드러진 특징은 자신이 애착대상들의 눈에 얼마나 받아들여 질만한지 또는 받아들여질 수 없는지 생각할 수 있다는 점이다. 그가 도움을 받기 위해 애착대상들에게로 향할 수 있을지는 그들(애착대상)이 얼마나 접근 가능하고 반응적일 것 같은가를 예측하게 만드는 다름 아닌 바로 그 상호보완적인 두 모델들(세상에 관한 모델 + 자신에 관한 모델)의 구조에 기인한다(Bowlby, 1973, p. 203).

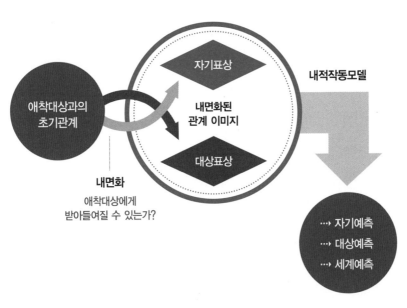

도표4-1. 내적작동모델

보울비는 애착대상과의 관계에서 개인이 가진 생각에 따라 작동하는 모델이 달라진다는 것을 시사했다. 그는 특히 개인이 애착대상에게 보호와 지지를 받아야만 하는 상황에서 애착대상이 자신에게 얼마나 마음 놓고 접근할 만한 대상인지 그리고 얼마나 자신에게 반응적인 존재인지를 '예측'하는 것이 작동모델의 근간으로 작용한다고 보았다. 그가 내적작동모델을 그의 애착 전집 세 권의 책 중 두 번째 책인 「분리: 불안과 분노」에서 심도 있게 다루었다는 사실은 애착대상과의 관계에서 **분리**가 내적작동모델을 형성하는 데 얼마나 부정적이고 심각하게 작용하는지 암시한다.

애착 대상과의 분리는 불안과 분노의 감정을 일으키면서 관계에서 애착대상에 대한 예측을 어렵게 만든다. 분리는 애착대상이 존재하는지 부재하는지에 대한 문제이면서 동시에 어린 자녀의 입장에서는 애착대상으로의 접근 및 활용가능성에 대한 문제이기도 하다. 즉 애착대상이 눈앞에 존재하면 접근 가능성이 높아 두려움이 감소하지만 분리로 인해 신뢰 대상이 부재하면 접근 가능성이 사라지게 되어 두려움이 증폭된다. 보울비는 어린 자녀가 애착대상과의 관계에서 마음 놓고 애착대상에게 접근하는 것이 항상 가능한지, 변덕스러운지, 아니면 거의 가능하지 않은지에 따라 대상을 예측하는 작동모델을 다르게 만든다고 강조했다(Bowlby, 1973).

만약 애착대상과 친밀한 관계를 반복하여 접근가능성을 높이게 되면 개인은 애착대상과 분리의 상황에서도 접근가능성에 대한 신뢰를 유지할 수 있지만, 반대로 불안정한 관계가 반복되면 애착대상에 대한 접근가능성이 빈약해지고 분리의 상황에서도 두려움이 증폭되면서 혼란을 겪게 된다. 결국 애착대상과의 관계가 친밀할수록 내면화된 대상표상이 안정적이어서 분리의 상황에서도 신뢰가 가능하다. 그러므로 내적작동모델은 다음의 두 가지

기본요소를 중심으로 만들어진다.

애착대상의 존재요소	개인의 확신요소
애착대상이 존재하여 접근가능하고 활용가능한가?	애착대상과 분리의 상황에서도 접근가능하다는 신뢰가 있는가?

개인의 나이가 어릴수록 (일반적으로 생후 24개월 이내) 애착대상의 존재요소는 내적작동모델을 형성하는데 절대적으로 중요하다. 아기의 눈앞에 애착대상이 보이는 자체만으로도 안정감을 얻을 수 있기 때문이다. 그리고 애착대상의 존재요소에 대한 반복된 상호관계 경험은 개인의 확신요소에 긍정적 영향을 미치게 된다. 그리고 개인이 애착대상에 대한 신뢰를 확신하는 과정에는 다음의 두 가지 조건이 작용한다.

애착대상 예측조건	자기대상 예측조건
애착대상이 개인의 보호와 지지를 위한 요구에 대해 반응할 것인지 아닌지에 대한 예측 조건	내 존재가 타인이 사랑할만 하며 긍정적으로 반응할 만한 존재라고 스스로 생각할 수 있는지 아닌지에 대한 예측 조건

위의 두 가지 예측조건은 서로 독립적으로 기능하는 것처럼 보일 수 있다. 하지만 두 조건은 서로 긴밀하게 연결되어 있으며 보완적이고 상호확증적인(mutual confirming) 특징을 가지고 있다. 예컨대 애착대상이 친밀하고 지지적인 반응으로 관계하여 개인에게 긍정적으로 인식되면 개인은 애착대상에 대한 긍정적인 예측조건을 형성한다(대상표상). 동시에 애착대상의 긍

정적인 지지와 보호를 경험한 개인은 자신에 대한 인식에서도 타인이 사랑할만한 존재로 스스로 생각하여 자신에 대한 긍정적인 예측조건을 형성한다(자기표상). 반대의 경우도 마찬가지다. 애착대상이 개인에게 부정적으로 예측되면 자기에 대한 평가도 부정적으로 이루어진다. 그러므로 두 가지 예측 조건은 독립적이라기보다는 오히려 상호보완적이며 상호확증적으로 기능하면서 내면의 작동모델들의 구조를 형성한다.

그런데 인간 내면의 작동모델들은 애착대상이 한 명이라고 해서 하나의 모델만을 형성하는 구조는 아니다. 안정형의 개인은 애착 대상에 대한 모델들이 하나의 통합된 세트처럼 형성될 수 있지만 불안정형의 경우 한 명의 애착대상이라 할지라도 다중모델들(multiple models)을 가지는 것이 일반적이며 이에 따라 자기표상 또한 다중모델로 작동한다. 보울비는 이에 대해 내적작동모델들이 다중모델로서 작용할 경우 각 모델이 형성되는 시점이나, 지배적으로 작동하는 상황이나, 관찰 가능하도록 표현되는 정도가 각기 다르다고 설명한다(Bowlby, 1973).

불안정 애착 유형의 경우 애착대상에 대한 일관되고 안정된 예측이나 기대를 경험할 수 없기 때문에 개인은 한 명의 애착대상이라 할지라도 분열되고 혼란스러운 다중 모델들을 형성하기 쉬운 조건을 갖추게 된다. 또한 다중모델들의 경우 애착대상과의 초기관계에서 감정적인 혼란가운데 형성되기 때문에 개인이 감정에 치우치지 않고 객관적으로 대상이나 환경을 감지하고 예측하는 것을 왜곡시킨다. 따라서 왜곡된 인지는 개인의 감정과 행동에 다시 영향을 미치며 다중모델들을 강화하는 역할을 한다. 결국 이렇게 형성된 다중모델들은 무의식적이고 방어적으로 표현되기 때문에 배타성을 가지게 되어 환경을 감정에 따라 주관적으로 보게 한다.

하지만 통합된 안정형의 작동모델들이든 불안정형의 다중모델들이든, 내면의 작동모델들은 하나 이상의 다면적 표상들이기 때문에 일련의 위계질서가 존재한다. 즉 작동모델들이 제각기 기능하는 것이 아니라 서로 상호보완적으로 연결되어 마치 가족 구성원과 같은 구조(a family of models)를 만들면서 내적작동모델의 구조를 위계적으로 형성한다(Bowlby, 1980; Main et al., 1985). 예를 들어 어떤 작동모델들은 애착관계에서 습득된 규칙이나 생각의 방향 등과 같이 개인의 성격적 특징을 이루면서 일반화되고 고차원적인 모델들로 작동하지만, 어떤 작동모델들은 특별한 관계나 특수상황에서 지배적으로 나타나는 낮은 차원의 모델들로 작동한다.

이와 같이 내적작동모델들은 애착관계를 통해 독특하고 복잡한 구조를 형성하는데 이 구조의 성격에 따라 개인이 생각하고 느끼고 행동하는 모습은 서로 다른 현상으로 나타난다. 다시 말해서 개인이 어떤 정보에 관심을 가질지, 자신의 상황에서 벌어지는 사건을 어떻게 해석할지, 관계에서 무엇을 기억으로 남길지 등을 작동모델들의 구조에 따라 자기도 모르게 (의식적 인지와는 상관없이) 결정하고 예측하는 일련의 과정을 가진다. 결과적으로 내적작동모델은 애착관계를 통해 **내면화된 구조**(structure)와 작동모델들의 규칙에 따라 **현상화되는 일련의 과정**(process)을 모두 포함하는 개념이라고 할 수 있다.

이러한 내적작동모델의 숨겨진 구조와 과정을 가장 잘 살펴 볼 수 있는 분야가 바로 '성인애착'이다. 내적작동모델에 대한 개념은 애착이론을 이해하는데 매우 중요한 역할을 함에도 불구하고 보울비가 처음 작동모델의 개념을 제시한 이래 사실 오랜 기간 동안 그 중요성은 관심을 받지 못하였다. 에인즈워스의 획기적인 실험 덕분에 애착의 실험과 유형분류에 더 많은 관심

을 두었기 때문이다. 하지만 메인이 영아기에 머물러 있던 실험을 성인기로 옮기는 과정에서 내적작동모델의 구조와 과정은 성인의 애착 유형을 이해하는데 필수적으로 요구되어 다시 관심을 받기 시작하였다. 성인의 경우 내적작동모델은 언어와 행동의 표현 그리고 감정의 조절 양상에 따라 서로 다른 방식으로 현상화되면서 유형 분류가 가능해졌기 때문이다.

예컨대 안정자율형의 경우 내적작동모델은 긍정적이며 객관적인 대상표상과 자기표상을 가지며 언어와 행동에 일관성이 나타나며 애착관계에 대한 기억이나 감정이 안정적인 모습으로 현상화되는 특징이 있다. 반면에 불안정형의 경우 내적작동모델은 왜곡된 표상을 가지며 언어, 기억, 감정이 불안정한 모습으로 현상화되는 특징이 있다. 특히 불안정 회피형의 작동모델들은 다른 유형의 작동모델들보다 자기-방어적으로 현상화되는 특징이 강하게 나타난다.

내적작동모델의 숨겨진 구조와 과정은 '**전이**(transference)'현상에서도 찾아 볼 수 있다. 내담자의 작동모델은 때때로 상담자와의 관계에서도 드러나기 때문이다. 애착이론적 측면에서 '전이'란 내담자와의 상호 관계에서 상담자가 내담자의 애착대상에 대한 선입된 인지모델에 동화되어 애착대상에 대한 예측 반응을 내담자가 상담자에게 나타내는 현상으로 정의할 수 있다.

하지만 상담현장에서 나타나는 모든 전이현상이 내적작동모델에서 기인한다고 말할 수는 없다. 더구나 실제 현장에서 전이와 내적작동모델을 구분하는 것은 쉽지 않기 때문에 두 개념의 뚜렷한 경계를 찾는 것은 의미가 없다. 다만 전이현상이 나타난다면 내담자의 작동모델에서 어떤 부분이 애착대상과 상담자 자신을 연결하여 현상화되고 있는지 주의 깊게 살펴보는 것만으로도 내담자의 애착관계를 이해하는데 많은 도움이 될 수 있다.

| 정서조절과 애착전략 |

'**정서조절**(affect regulation)' 이란 개인이 정서 또는 감정 자체를 대상으로 어떤 감정들을 가지는지, 언제 그것들을 느끼는지, 어떻게 그것들을 경험하고 표현하는지에 대해 조절하고 통제하는 과정을 말한다. 그리고 많은 경우 감정조절(emotion regulation)과 혼용하여 사용하기도 한다. 하지만 애착이론적 측면에서 정서조절은 단순히 정서를 조절하는 것에 그치지 않는다. 좀 더 복잡한 과정을 거쳐 자기에 대한 조절(the regulation of the self)에까지 이어지기 때문이다.

특히 애착관계에서 개인의 정서는 내적작동모델의 구조를 형성하는 매우 중요한 역할을 하면서 유형적인 분류뿐만 아니라 개인화(individualization)에 결정적 영향을 미치기도 한다. 이런 의미에서 정서조절은 어린 영아가 엄마와의 관계에서 정서를 '**함께 조절하는**' 단계(coregulation)에서 시작하여 자기를 '**스스로 조절하는**' 단계(self-regulation)에 이르는 일련의 과정을 포함한다.

우선 정서의 세계를 보다 구체적으로 살펴보는 것이 정서조절 매커니즘을 이해하는데 도움이 될 수 있다. 넓은 의미에서 정서는 생명을 유지하고 생존하기 위해 선천적으로 갖춘 생체조절장치(bioregulatory device)의 일부이며 인간의 정신기능 중 하나이다(Damasio, 2000). 정서세계는 감정과 관련한 다양한 기능과 특징이 매우 복잡하게 얽혀있다. 그 결과로 서로 영향을 주거나 겹치기도 하고, 감정이 일어나는 형태나 지속시간도 달라서 기능과 특징에 따라 구분하는 것이 어렵다. 하지만 정서, 감정, 느낌, 기분이라는 네 가지 요소들로 구분하여 각 정서 세계가 가진 특징과 차이들을 설명하기도 한다(Damasio, 2000).

먼저 **정서**(affect)는 감정세계의 모든 주제를 포함하는 포괄적 범위에서의 감정영역을 말한다. 외부 및 내부의 모든 자극에 대한 자각할 수 있는 신체적 반응에서부터 알아차릴 수 없는 미세한 호르몬의 변화를 포함할 뿐만 아니라 동기(motivation)의 과정과 쾌 · 불쾌 상태의 저변에 깔려 있는 모든 정(情)적인 범위를 포함한다. 정서는 의식과 무의식의 모든 영역에서 일어나는 감정세계를 포함하며 신생아의 반사행동에서 나타나는 반응과 변화도 포함한다. 그래서 유전적 특징과 함께 선천적으로 시작된 정신적 에너지이기도 하다. 많은 문헌에서 정동(情動)이라고도 번역하고 있지만 정서(情緖)라는 표현이 더 적절하다. 한자적 의미에서도 마음에서 일어나는 정(情)의 실마리(緖)라는 표현이기도 하지만 정(情)의 시작이라는 의미도 내포하기 때문에 정서(affect)의 본래적 의미를 보다 더 함축적으로 담고 있기 때문이다.

둘째로 **감정**(emotion)은 정서 세계의 공적(公的)이고 객관적인 특징을 나타내는 영역이다. 다시 말해서 정서의 영역 중 개인의 느끼는 감정을 사회적 관계에서 투사하거나 표현하는 방식으로 통용되어 공감, 교감, 소통이 가능한 정(情)적인 범위를 말한다. 특히 정서가 언어화(분노, 기쁨, 외로움 등)되어 개인의 감정 상태를 언어로 표현하여 전달하거나 타인의 감정이 무엇인지 언어적 표현을 통해 이해할 수 있다. 그러나 감정은 느낌의 있는 그대로를 사실로서 전달할 수도 있지만 의도적으로 감추어지거나 변형되어 도구적으로 사용될 수도 있다. 정서와 달리 감정은 무의식적 영역에서 느껴지기보다는 의식적 영역에서 두드러진 특징이 있으며 개인의 주관적 정서를 타인이 이해할 수 있다는 점에서 객관적이다. 이러한 의미에서 정서조절은 무의식적이고 포괄적인 의미에서의 조절 과정인 반면에 감정조절은 보다 의식적이고 구체적인 범위에서의 조절의 의미를 담고 있다고 구분할 수 있다.

셋째로 **느낌**(feeling)은 정서 세계의 사적(私的)이고 주관적인 특징을 나타내는 정신적 경험이다. '감정' 영역과는 달리 사회적 관계에서 통용이 어렵지만 개인의 내면에서 '감정'과 '느낌'은 마치 동전의 양면처럼 정서에 대한 같은 정신적 경험의 두 모습처럼 기능한다. 개인은 의식적으로 '느낌'의 세계를 경험하지만 언어화된 공적인 감정 세계라기보다는 개인이 독특하게 주관적으로 느끼는 정신경험이기 때문에 어떻게 표현해야 할지 혼란을 경험할 수 있다(예: 뭐라고 표현할 수 없는데 마치 뒤통수 맞은 느낌?).

마지막으로 **기분**(mood)은 정서의 무의식적 영역에 속하기도 하지만 동시에 의식적으로 느껴지기도 한다. 특히 기분은 상황적인 자극이나 대상이 없이도 신체 내의 미묘한 변화에서도 일어날 수 있기 때문에 정서와 유사한 특징을 가진다. 또한 감정이나 느낌보다 반응기간이 길기 때문에 감정 또는 느낌의 대상에 대한 초점을 잃게 되면 기분으로 전환되어 반응하기도 한다. 기분의 지속시간과 나타나는 특징 및 강도가 역기능적일 경우 다양한 기분장애(mood disorders)를 일으키기도 한다.

이와 같이 정서 세계는 다양하게 구분될 수 있는데 정서가 애착이론에서 차지하는 비중이 크다는데 정서 이해의 중요성이 있다. 특히 애착관계에서 정서는 유아가 언어를 사용하여 애착대상과 소통하기 전까지는 영·유아의 주요 소통수단이기 때문에 정서 소통의 기간과 애착형성기간은 서로 맞물려 있다는 특징이 있다. 이에 더하여 정서는 작동모델(working models)들을 활성화시키는 에너지원과 같은 역할을 하면서 애착 대상과의 관계에서 어떤 인지적 표상을 구성할지에 대한 방향을 제시하기 때문에 정서의 비중은 매우 크다.

초기 애착관계 시스템의 근간이 되는 근접추구행동(proximity seeking)은 선천적인 '싸우거나-도망치는 반응(fight-or-flight response)[13]'으로 바꾸어 생각해 볼 수 있다(Mikulincer, Shaver, & Pereg, 2003). 그리고 '싸우거나-도망치는 반응'은 의식적인 해석이나 판단에 의한 반응이 아니다. 의식 이전에 상황에 대해 순간적으로 타고난 '정서'가 작용하여 반응하기 때문이다. 즉 어린 영아의 근접추구행동이란 '싸우거나-도망치는 반응'에서 나타나는 타고난 정서적 애착행동이라고 할 수 있다. 그러므로 애착관계를 통해 형성되는 작동모델들은 영아와 대상과의 반복적인 상호작용에서 근접추구행동에 대한 규칙이 구조화된 것으로 이해할 수 있다. 그리고 이러

---

13) '싸움-회피반응(fight-or-flight response)'은 동물이 위험이나 공격의 상황을 감지할 때 생존을 위해 일어나는 본능적인 생리반응이다. 교감신경계가 순간적으로 싸울 것인지 도망할 것인지를 준비하도록 작용한다.

한 규칙은 '싸우거나—도망치는 반응'에 관여하는 정서적 반응에 대한 규칙이기도 하다.

보울비에 따르면 근접추구는 두 가지 주요 목표가 설정된 선천적인 정서조절 장치이다. 첫째는 육체적, 정서적 위협으로부터 자신을 보호하기 위한 것이며, 둘째는 위협으로부터 오는 불안과 고통을 경감시키기 위한 것이다. 어린 영아가 엄마로부터 거리가 멀어진 상태에서 육체적 정서적 위협을 느끼면 선천적으로 작동하는 근접추구 행동을 통해 자신을 보호하고 정서적 안정을 이룬다. 근접추구는 보울비가 애착행동(attachment behaviors)이라고 정의한 것들을 통해 쉽게 찾아볼 수 있는데 영아가 엄마에게 매달리거나, 울거나, 웃거나, 엄마를 따라다니는 행동 등을 말한다.

도표4-2. 근접추구와 주요목표

이와 같이 애착행동을 통해 근접추구의 두 가지 주요 목표가 잘 이루어지도록 아기가 엄마를 가까이 하고 정서를 조절하는 전략을 '**일차적 애착전략**(primary attachment strategy)'이라고 부른다. 일차적 애착전략을 잘 사용하는 안정형의 영아들은 위험 또는 스트레스 상황에서 애착대상인 엄마를 안전한 도피처로 삼아 가까이 하여 보호를 받고 정서를 조절하면서 불안을 경감시킬 수 있다. 위험이나 스트레스 상황을 맞이할 때마다 자신의 불편한 감정들을 안정시킬 수 있는 엄마(안전한 도피처)를 자유롭게 활용할 수 있기 때문이다. 결국 일차적 애착전략에서 사용되는 애착행동들은 엄마와 영아 사이의 유대감을 증진시켜 근접추구를 유지하도록 하며 결과적으로 안정된 애착관계를 이루도록 돕는다.

반면에 초기의 불안정한 애착관계 때문에 근접추구행동이 방해를 받고 정서적 반응에 대한 규칙이 잘못 형성된 경우 애착대상을 안전한 도피처로 활용하는 근접추구에 대한 목표가 좌절된다. 다시 말해서 애착대상과의 관계시도에도 불구하고 영아가 육체적 정서적 위협에 계속 노출되어 불안과 고통을 느끼게 되면, 자신을 보호하고 불안한 감정을 달래 줄 안전한 도피처(safe haven)를 확보하기 위해 본래 설정된 일차적 애착전략과 다른 '**이차적 애착전략**(secondary attachment strategy)'으로 변경하여 사용한다. 즉 일차적 애착전략을 제외한 모든 애착전략은 이차적 애착전략에 포함된다.

이러한 이차적 애착전략을 사용하는 불안정 애착 유형의 영아들은 안전기지와 안전한 도피처의 부재로 올바른 정서조절을 할 수가 없다. 결국 안전한 도피처를 확보하기 위해 과도한 감정을 사용하거나(정서조절 억제: 불안·몰두형) 과도한 정서조절로(과잉 정서조절: 회피·거부형) 불안한 감정을 스스로 억압하는 이차적 애착전략을 사용한다. 만약 안전기지와 안전한 도피처의 대상(엄마)이 있기는 하지만 불안정하다고 느낄 경우 영아는 엄마에게 떼를 쓰고 강하게 밀착되어 떨어지지 않으려는 전략을 사용하며, 반대로 안전기지와 안전한 도피처(엄마의 돌봄)가 없다고 느낄 경우 엄마를 포기하고 스스로 도피처가 되어 불안한 감정들을 억압하면서 해결하려는 전략을 사용한다. 특히 애착행위를 억제하여 엄마와 가까이 하려는 시도를 꺼리기 때문에 유대감이 약한 특징이 있다.

애착이론 전체 구조에서 볼 때 이러한 정서조절과 애착전략은 많은 중요한 단서를 제공한다. 먼저 선천적인 조절기전이 후천적인 애착관계에 따라 영향을 받고 환경의 적응을 위해 바뀔 수 있다는 것을 보여준다. 또한 정서조절과 애착전략이 다르다는 것은 서로 다른 작동모델이 작용하고 있다는 것을 시사하며, 동시에 애착전략을 어떻게 사용하는가에 따라 애착 유형이 결정된다는 것을 암시한다.

예컨대 일차적 애착전략을 사용하는 영아의 경우 스트레스 상황에 노출되면 즉시 엄마에게로 가서 불안정한 정서를 조절하고 자유롭게 환경을 탐험할 수 있어 안정유형에 속한다. 하지만 이차적 애착전략을 사용하는 영아의 경우 과도하게 감정을 표현하고 엄마와 떨어지지 않는 행동을 통해 불안정

도표4-3. 정서조절과 애착전략

한 정서를 해결하는 불안정 양가유형에 속하게 되거나, 반대로 과도하게 정서를 조절하여 감정을 억압하고 자기세계에 몰두하며 회피하는 행동을 보이는 불안정 회피유형에 속하게 된다.

영아기에 형성된 정서조절과 애착전략의 작동모델들은 성인기에서도 같은 방식으로 작용하여 행동에 영향을 미친다. 일차적 애착전략을 사용하는 개인들은 정서조절에 대한 내재된 영향으로 감정에 쉽게 동요되거나 감정에서 올라오는 생각들에 압도되지 않는다. 또한 타인과 쉽게 친밀감을 형성할 수 있을 뿐만 아니라 타인의 감정을 공감하는데 익숙하다.

반면에 이차적 애착전략을 사용하는 개인들은 집착유형의 경우 영아기의 양가유형과 같이 정서조절에 실패하고 과도한 감정을 사용하여 감정뿐만 아니라 주관적 느낌에도 예민한 특징을 보인다. 그리고 정서적 반응이 높아 감정에서 올라오는 생각들에 압도되어 객관적 시각을 왜곡시키는 특징을 보인다. 회피유형의 경우는 반대로 과잉 정서조절로 감정을 억압하는 성향이 강하며 타인과의 정서적인 관계를 맺는 것을 어려워한다. 특히 타인의 감정을 공감하는데 익숙하지 않아 사회적 관계가 서툰 대신 독립성이 강한 특징을 보인다.

정서적 친밀감	독립성	
	높음	낮음
높음	안정형	집착/몰두형
낮음	회피/거부형	혼란/미해결형

표4-1. 정서조절과 성인애착유형: Pietromonaco, & Barrett, 2000

| 안전기지 & 안전한 도피처 |

보울비(Bowlby, 1969/1982, 1973)는 애착이론을 설명하기 위한 네 가지
핵심 요소로서 근접추구 및 유지, 안전한 도피처, 안전기지, 그리고 분리의
고통을 제시했다. 이 네 가지 핵심 요소는 긴밀한 상호작용 가운데 서로 영
향을 미치며 영아의 애착유형을 구체화시킨다. 분리의 고통은 영아로 하여
금 안전한 도피처를 찾아 엄마에게 가까이 가려는 근접추구를 일으킨다. 그
리고 안전한 도피처에서 안정감을 얻은 영아는 다시 주변 환경을 탐험하기
위해 엄마를 안전기지 삼아 분리를 시도한다. 그리고 탐험 중 위험을 당하
게 되면 분리의 고통으로 다시 안전한 도피처를 찾는 일련의 사이클을 통해
개인의 애착을 발달시킨다.

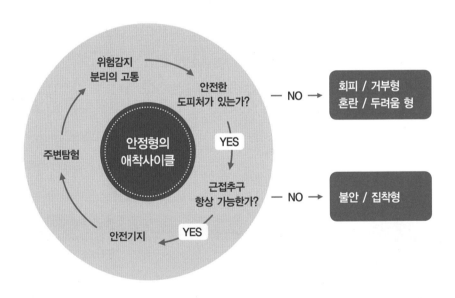

도표4-4. 애착의 요소와 애착유형

그러므로 영아가 애착을 형성하는 과정에서 **안전한 도피처**와 **안전기지**는 개인의 애착의 성격을 결정짓는데 매우 중요한 역할을 한다. 사실 안전에 대한 이론은 에인즈워스가 보울비를 만나기 전부터 추구했던 연구의 중심 주제였다(Ainsworth, 2010). 그녀는 당시 안전이론을 제기했던 블래츠 교수와의 박사학위 논문(Salter, 1940)에서 '안전(security)'에 대한 정의를 다음과 같이 소개하였다.

> 블래츠와 챈트(N. F. Chant)에 의해 제안된 안전 개념에는 두 가지를 내포하고 있다. (1) 모든 주어진 상황에서 '충분히 할 수 있다고' 느끼는 즉각적인 경험, 즉 개인이 그 상황을 (실제로는 다룰 수 있든 없든 간에) 다룰 수 있다고 느끼는 것을 말한다. (2) 개인이 예측할 때, 그 예측이 분명한 가능성이든 그저 모호한 기대감이든, (돌봄에 대한) 즉각적인 반응이 미래에 분명히 일어날 것이라고 느끼는 것을 말한다. 그러므로, 안전의 경험은 즉각적인 참조(reference)이면서 미래적인 참조로 작용한다. (p.6)

안전(security)이라는 용어는 라틴어 'sine cura'에서 파생된 것으로 '돌봄(치료)이 없는(without care/cure)'이라는 의미이며 '걱정 없는(without anxiety)', '두려움 없는(without fear)' 등으로 확장하여 이해할 수 있다. 그러므로 결과적으로 종합해 보면 안전이란 자신을 돌볼 수 있는 누군가를 향한 의존에 기인하여, 상황에 대하여 다룰 수 있고, 충분하다고 느끼며, 즉각적으로 돌봄을 받을 것이라는 예측이 가능하여, 걱정이나 두려움이 없는 감정의 상태라고 할 수 있다.

블래츠는 특별히 자기 자신의 행동의 결과들을 기꺼이 받아들일 수 있는 마음상태 또는 자신의 편에서 받아 줄 수 있는 누군가를 의지할 수 있는 의존적 마음상태를 '안전'이라고 정의했다. 그는 안전에 대한 기본원리로 '미성숙한 의존성', '독립성', '성숙한 의존성', 그리고 '대체 요원' 즉 허위 안전을 추구하는 보상적이면서 방어적 장치를 제시했다(Ainsworth, 2010).

- **미성숙한 의존적 안전**

  영아들이나 어린 아동들의 경우 자신을 돌보고, 생존에 필요한 것들을 채워주고, 자신의 행동에 대한 결과에 책임을 지는 타인, 특히 부모를 의존하는 것만이 안전을 확보할 수 있는 유일한 길이다. 블래츠는 이러한 부모의 역할을 안전을 위해 아동이 의존할 수 있는 근거지로 보았는데 애착이론의 안전기지 개념과 일치한다.

- **독립적인 안전**

  아동들은 안전기지로부터 떠나 세상을 탐험하면서 점차적으로 세상에 대한 지식을 쌓고 세상을 다룰 수 있는 기술을 습득한다. 그리고 이러한 지식과 기술이 점점 안전에 대한 독립적인 기초를 만들고 결과적으로 부모에 의존하기 보다는 독립적으로 자신을 의존하는 비율이 높아지게 된다. 그러므로 미성숙한 의존적 안전으로 계속 지속되는 안전은 바람직하지 않다.

- **성숙한 의존적 안전**

  블래츠는 독립성만으로는 온전한 안전을 이룰 수 없다고 설명한다. 그는 독립적인 안전을 보충하기 위해 개인은 한 사람 또는 소수의 사람들에게 의존하는 성숙한 의존적 안전을 추구한다고 말한다. 개인은 독립성의 근간이 되는 지식과 기술을 성장시키는 과정에서 타인과의 상호관계를 이루게 되는데 이 때 상호 간 안전을 제공하며 성숙한 의존적 안전을 특징으로 하는 관계가 형성된다. 성숙한 의존은 애착이론의 '목표-수정된 동반자 관계(goal-corrected partnership)'와 상응하는 개념이다. 보울비는 3세 이후의 애착관계의 특징으로 부모의 행동에 따라 자신의 애착 행동 목표를 수정한다고 보았다(제5장 애착형성과 유형의 발달 참조).

- **대체요원(deputy agents)**

만약 개인이 자신의 행동의 부정적인 결과를 수용하지 못할 뿐만 아니라 그것을 해결하기 위해 부모를 의존할 수도 없다면, 안전을 추구하기 위해 다른 대체 대상을 의존할 수밖에 없다. 하지만 이러한 대체 요원을 안전의 원리로 의존하게 되면 허위 안전을 형성하면서 올바른 안전 원리(독립적 안전 또는 성숙한 의존적 안전)를 취하지 않게 된다. 대체요원을 애착이론에 적용해 보자면, 회피유형의 경우 엄마를 안전기지나 안전한 도피처로 의존할 수 없기 때문에 자기 자신을 대체 요원으로 의존한다. 또한 혼란형의 경우에도 엄마를 두려워하여 의존할 수 없기 때문에 대체 요원을 의존할 수밖에 없다.

블래츠의 안전에 대한 원리는 에인즈워스를 통해 애착이론의 안전기지 개념에 그대로 전달되었다. 이상에서 알 수 있듯이 **안전기지**(secure base)는 애착 대상을 활용하여 세상에 대한 탐험을 가능하게 하여 그에 대한 지식과 기술을 습득하도록 돕는 역할을 한다. 반대로 안전기지의 부재는 탐험을 멈추게 하고 동시에 애착 대상과의 사회적 관계를 단절시켜 건강한 의존성을 방해한다.

한편 **안전한 도피처**(safe haven)는 안전기지와는 다른 역할을 한다. 안전기지는 영아가 애착 대상과의 신뢰를 통해 주변 탐험을 마음 놓고 할 수 있도록 하는 역할을 말하며 보울비가 말한 탐험행동체계(exploratory behavioral system)와 깊은 관계가 있다. 반면에 안전한 도피처는 개인이 위협에 직면했을 때 자신보다 더 강하고 현명하다고 판단되는 애착 대상에게 가까이 할 때 사용되는 역할이며 보울비의 근접성 추구행동(proximity seeking behavior)과 깊은 관계가 있다. 안전한 도피처가 부재하면 위협에서 오는 스트레스와 부정적 감정을 해소할 수 있는 안전한 대상이 없기 때문에 혼란을 겪게 되며 안전 확보를 위한 허위 대체대상을 형성하기 쉽다.

안전기지	안전한 도피처
• 주변 환경 탐험을 가능하게 하는 역할 • 탐험을 통한 지식 및 기술의 습득 • 탐험행동체계와 관련 • 부재 시 탐험 중단, 사회적 의존성 방해, 탐험을 통한 기술 및 습득 중단	• 위협 직면 시 스트레스와 부정적 정서를 해소하고 안정감을 회복하는 역할 • 근접추구행동과 관련 • 부재 시 허위 대체대상 형성 및 건강한 의존적 안전에 대한 방해

표4-2. 안전기지와 안전한 도피처 비교

영아의 경우 위협에 대한 내·외부적 단서가 위험을 알리면 엄마로부터의 분리 상황은 애착행위로 알려진 근접성 추구행동을 자연스럽게 일으킨다. 이 때 가까이 근접하기 위해 설정하는 목표대상이 바로 '안전한 도피처'이다. 하지만 만약 도피처의 목표대상이 되는 애착대상이 영아에게 익숙하지 않거나, 돌봄을 제공하지 않거나, 심지어 학대를 통해 공포의 대상이 되는 경우 안전한 도피처의 기능을 할 수 없기 때문에 근접성 추구에 문제가 생기며 개인적 유형 차이를 만드는 원인이 된다.

안전한 도피처가 제공하는 부정적 정서 해소와 안정감의 회복은 영아가 다시 탐험하는 것이 가능하게 만드는 원동력이 되기 때문에 안전기지의 기능을 확보하는 중요한 역할이다. 결국 안전한 도피처와 안전기지는 마치 하나의 스위치와 같다. 같은 애착대상이지만 서로 다른 역할로 '전환'하여 영아가 자유롭게 드나들면서 방전된 감정에너지를 다시 충전하여 사용할 수 있도록 돕는다. 보울비는 이러한 안전한 도피처의 필요성이 영아에게 국한 되지 않고 전 연령에 적용된다고 보았다.

> 응급상황에서 우리에게 필요한 도움을 위해 기꺼이 그리고 능력을 가지고 올 수 있는 익숙한 대상에게 쉽게 접근하는 것이 항상 가능하다는 것은 분명히 좋은 보험에 든 것이다 – 어떤 연령에서든 상관없이(Bowlby, 1988, p.27).

연인 관계에 있는 성인을 대상으로 한 안전한 도피처에 관한 연구(Collins, & Feeney, 2000)에 따르면 개인의 문제로 인해 스트레스가 강할수록 관계 속에서 직접적으로 도움을 추구하는 행동(근접추구행동)이 강하게 나타났다. 그리고 이러한 행동은 상대 파트너가 보다 강한 돌봄으로 반응하도록 만들었다. 반응적인 돌봄은 안전한 도피처의 기능으로 작용하여 파트너가 안정감을 느끼도록 도왔으며 기분 향상을 경험하도록 이끌었다. 하지만 참여자 중 회피유형의 경우 스트레스 상황에서 도움을 구하는 것에 비효율적인 경향이 강했으며, 불안유형의 경우 돌봄을 제공하는 것에 어설프고 빈약한 결과를 나타내었다.

결국 영아이든 성인이든 연령에 관계없이 기능적으로 보다 안정된 관계에 있는 쌍(dyad)일수록 안전한 도피처의 역할이 뚜렷하여 보다 지지적인 상호관계에 있다는 것을 알 수 있다. 안전한 도피처의 순기능은 단순히 안정된 관계를 유지하는 것에만 그치지 않는다. 스트레스를 효과적으로 다룰 수 있다는 핵심기능은 장기적으로 개인의 건강과 심리적인 웰빙으로 확장된다는 연구도 찾아 볼 수 있다(Collins, Ford, Feeney, 2011; Cohen, & Syme, 1985).

| 애착과 인지발달 |

애착은 영아가 엄마(주 양육자)와 갖는 초기 관계의 질에 따라 다르게 형성된다. 영아는 애착관계를 통해 내적작동모델을 만들게 되며 그에 따라 자기와 대상과 세계를 예측하며 서로 다른 유형으로 표출한다. '낯선 상황 실험'을 통해 알 수 있듯이 영아가 보여주는 서로 다른 행동적 특징들은 애착유형을 네 가지로 나눌 수 있는 기준을 제시해 준다.

하지만 메인의 버클리 연구의 실험에서 알 수 있는 것처럼 영아가 보여주었던 '낯선 상황 실험'에서의 행동패턴은 6세만 되어도 더 이상 애착유형을 구분할 수 있는 기준으로 사용할 수 없다. 대신에 언어사용의 특징과 태도가 새로운 기준이 되어 내적작동모델의 서로 다른 표출방식을 구분할 수 있게 한다. 그렇다면 영아의 비언어적 행동패턴에서 6세 아동의 언어사용 패턴으로 내적작동모델의 표출방식이 이동하도록 만드는 원동력은 무엇일까? 가장 설득력 있는 가능성은 '**인지발달**(cognitive development)'에 있다.

인간은 다른 동물들과는 다르게 시각이 매우 발달되어 있다. 네 발을 사용하는 다른 포유동물들이 생존과 생활을 위해 후각을 주로 사용하여 후각이 발달한 반면, 직립이 가능한 인간은 후각보다는 시각의 사용이 생존과 생활을 위해 더 필요하고, 편하며, 안전하기 때문에 인간은 시각의 영역을 다른 영역보다 절대적으로 사용한다. 즉 생존과 생활에 따라 더 자주 사용하는 영역이 필요하면 그 영역이 발달할 수밖에 없다.

영아의 생활에서도 마찬가지다. 영아가 자기를 표현하고, 의사를 전달하기 위해, 그리고 생존과 생활에서 자신이 필요한 것을 의도하기 위해 가장 편하게 사용하는 영역은 바로 감정이다. '낯선 상황 실험'에서 나타나는 울거나, 웃거나, 안기거나, 얼음처럼 굳어지는 등의 서로 다른 행동적 특징들은 모두 감정으로 자신의 현재 마음을 전달하는 과정에서 나타나는 현상이다.

하지만 영아가 자라면서 나타나는 인지의 발달과 언어의 발달은 자신의 마음을 더 이상 비언어적 행동으로 전달하지 않고 생각과 말로 표시하는 언어적 행동으로 전달하게 만든다. 생존과 생활을 위해 생각과 말로 의사를 전달하는 것이 비언어적 감정행동으로 전달하는 것보다 애착대상과의 상호관계에서 훨씬 편하고, 빠르며, 신뢰할 수 있는 방법이기 때문이다. 그러므로 언어를 포함한 인지의 발달은 내적작동모델이 자유롭게 표출되는 방식이 언어로 이동할 수밖에 없는 이유를 설명한다. 하지만 언어로 표현한다고 해서 감정과 무관한 것은 아니다. 앞서 살펴보았듯이 내적작동모델은 정서조절과 깊이 맞물려 있기 때문이다. 비언어적 감정행동으로 표현되든 언어로 표현되든 내적작동모델로 나타나는 '애착유형'이 동일한 이유이다.

그렇다면 어떻게 애착 대상과의 관계가 영아의 인지발달에 영향을 미칠까? 초기 애착관계 형성에서부터 메타인지능력이 발달하기까지 네 가지 단계의 발달과정이 요구된다. 먼저 영아는 애착대상과의 반복된 관계를 통해 주변 환경을 탐험할 수 있는 안전기지를 확보해야 한다. 인지란 객관적인 사물의 실재를 개인의 의식에서 경험하는 과정이므로 인지의 발달을 위해서는 주변 환경에서 다양한 사물을 경험하는 과정이 요구된다. 영아가 애착관계에서 안전기지를 확보하는 것은 다양한 사물의 실재를 자유롭게 경험하기 위해 필요한 첫 번째 과정이다.

둘째 단계는 안전기지를 육체적, 심리적으로 언제든지 활용할 수 있다는 영아의 내적 확신이다. 안전기지에 대한 영아의 확신은 주변 환경 속에 있는 사물의 실재를 자유롭게 인식할 수 있도록 돕는 자율적인 탐험에만 영향을 주는 것이 아니다. 그뿐만 아니라 영아가 문제를 스스로 해결할 수 있는 능력을 기를 수 있도록 돕는다. 안전기지의 활용을 통해 문제발생시 애착대상의 도움을 이끌어 내는 능력을 발달시키기 때문이다.

사실 첫 두 단계는 내적작동모델의 기본요소(애착대상의 존재요소+개인의 확신요소)이기도 하다. 그러므로 내적작동모델이 안정애착 유형으로 형성되었다는 것은 애착대상과 영아 간의 조화롭고 반복적인 친밀관계로 인한 개인의 확신이 존재한다는 것을 의미한다.

일관적인 관계를 통해 개인의 확신이 존재하면 셋째 단계로 영아는 사물에 대한 인지정보를 애착대상과 소통하게 된다. 다시 말하면 상호 간의 정보의 흐름을 발전시키면서 인지발달을 촉진시키게 된다. 이 때 사물의 의미전달은 시각교류와 사물을 주고받는 촉각교류를 통해 이루어지기도 하지만 사물의 의미를 기호화한 언어와 음성화한 말을 서서히 습득하고 연습하게 되면서 언어발달을 통해 이루어지기도 한다.

마지막으로 영아의 안정애착 관계는 자신의 인지를 의식에서 객관적으로 경험할 수 있도록 돕는다. 즉 인지의 대상에 대한 지식이나 속성을 애착대상과의 상호과정을 통해 검증하는 인지의 조절과정을 거치기 때문에 메타인지 기능을 발달시킬 수 있다. 예컨대 안정애착의 영아가 다른 유형보다 정서조절이 뛰어난 것은 정서의 문제를 경험할 때마다 엄마와의 관계에서 자신이 경험한 주관적인 정서를 함께 나누고 공감을 통해 그 정서를 엄마도 알고 있다는 객관성을 배우기 때문이다. 마찬가지로 엄마와의 안정적인 상호관계는 영아가 사물이나 환경을 인식하는 과정에서 인지패턴을 객관적으로 유지하도록 돕는다. 초기 애착 관계가 다른 사물 또는 환경과의 관계에서 어떻게 대상을 인지할지에 대한 하나의 원형적인 규칙으로 작용하기 때문이다.

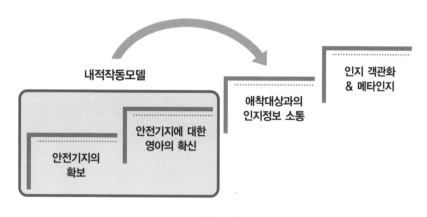

도표4-5. 애착과 인지발달

애착형성과 관계하여 메타인지의 영향력을 가장 구체적으로 설명한 사람은 메인이다. 특별히 그녀는 표상과 메타인지와의 차이를 분명히 했다. 즉 경험에 대한 표면적 이미지를 나타내는 **표상**과 경험에 대한 표상의 타당성 (경험이 정확한지), 특징, 내용 등을 반영할 수 있는 **메타인지적 표상**을 구분하였다(Main, 1991; Wallin, 2007).

예를 들면 엄마와의 관계에서 '엄마는 좋은 사람'이라는 단순한 정신적 이미지가 표상이라고 한다면, 엄마가 좋은 사람이라고 생각하는 나의 생각은 타당한지, 일반적인지 배타적인지, 어떤 내용을 근거로 그렇게 생각하는지를 반영하는 것이 메타인지(메인의 표현으로는 메타표상)이다. 그러므로 표상은 경험에 대한 개인의 주관적인 생각에 불과하지만 메타표상은 자신의 주관적인 생각에 객관성을 불어넣는 과정이므로 생각의 정확성뿐만 아니라 일관성을 유지할 수 있도록 만든다.

메인은 아울러 표상과 메타표상을 구분할 수 있는 인지능력 또는 사람들의 겉으로 드러난 단순한 표현과 그 속의 의도를 구분할 수 있는 인지능력을 **메타인지적 지식**(metacognitive knowledge)이라고 표현했다(Main, 1991; Wallin, 2007). 메타인지적 지식이 인지발달에서 중요한 이유는 개인으로 하여금 고정관념에서 벗어날 수 있도록 생각의 변화를 유도할 뿐 아니라 같은 주제에 대해 나의 관점과 함께 타인의 관점도 타당할 수 있다는 표상의 다양성을 인식하도록 돕기 때문이다.

이러한 메타인지적 지식이 개인 내에서 활용되기 위해서는 주관적일 수밖에 없는 개인의 경험을 객관적으로 보려고 하는 자기-성찰적 태도가 필요하다. 즉 경험에 대하여 습관적으로 (또는 무의식적으로) 이해하거나 해석하려는 생각의 흐름을 제 3자적인 관찰을 통해 잠재적인 생각의 오류나 왜곡현상을 경계하는 **메타인지적 모니터링**이 요구된다.

메인의 연구(Main, 1991)에 따르면 안정애착 유형의 아이들은 다른 유형

표상	경험에 대한 표면적인 내적 이미지
메타인지	경험에 대한 표상의 본질(타당성, 특징, 내용 등)의 반영(reflection)
메타인지적 지식	표상과 메타인지를 구분할 수 있는 지적능력
메타인지적 모니터링	메타인지적 지식이 가능하도록 하는 자기성찰적 인지작용

표4-3. 표상과 메타인지

의 아이들보다 메타인지 능력이 강하다. 육체적으로든, 정서적으로든 애착
대상이 믿을만한지 돌아보며 모니터링할 필요가 없기 때문에 보다 넓은 활
동 영역에 집중할 수 있다. 그리고 주변 상황을 파악하고 이해하는 과정에서
도 자신의 행동이나 생각을 분산시키지 않고 집중할 수 있다. 반면에 불안정
애착유형의 경우 애착대상이 믿을만하지 않기 때문에 자신의 행동이나 생각
에 집중할 수가 없다. 오히려 주의가 분산되거나 방어적인 사고과정을 형성
하여 기억이나 감정, 의도 등이 왜곡되어 혼란스러워지는 현상을 보인다. 환
경에 집중하고 탐험하고 싶은 마음도 있지만 동시에 불안전한 애착대상을
모니터링하는 것도 불안정 유형의 아이들에게는 중요하기 때문에 생각과 행
동이 분산될 수밖에 없고 방어적이거나 왜곡된 편향성을 보일 수밖에 없다.

결국 안정유형과 불안정 유형의 차이는 인지의 내용에서만 차이가 나는
것이 아니다. 자신의 생각을 검증하기 위한 유연성과 객관적 사실을 인지할
때 기꺼이 자신의 생각을 바꿀 수 있는 인지적 태도에서도 차이를 보인다.
즉 메타인지는 안정애착과 불안정애착의 차이를 나타내는 중요한 단서로
여겨지기도 하지만 안정애착을 형성하는 원인으로도 작용할 수 있다는 가
능성을 내포한다.

| 성찰적 기능과 정신화 |

"나는 생각한다. 고로 나는 존재한다. Cogito Ergo Sum" - 르네 데카르
트(René Descartes, 1596~1650)

데카르트는 우리의 마음속에 자리 잡은 세계에 대한 정신적 내용물들이 객관적 사실이 되기 위해서는 의심의 과정이 필요하다고 보았다. 왜냐하면 사실이 아닌 것을 사실이라고 인지할 수도 있으며 상대주의적 생각에 따라 객관적 사실은 존재하기 어렵다고 보았기 때문이다.

결국 그는 의심의 과정을 통해 객관적 사실을 찾아가려고 사유하고 있는 '나' 자신만이 객관적 실재로 존재할 수 있다는 것을 위 논제를 통해 설명하고 있다. 그렇다면 우리의 마음속에 있는 세계에 대한 정신적인 내용물들이 인식되는 과정은 무엇이며 그가 말하는 의심의 과정은 심리학에서 어떻게 표현될 수 있을까? 이 과정에서 '나'라는 존재는 어떤 역할을 하며, 어떻게 세계를 인지하면서 '자기'를 조직해 가는 것일까?

애착이론에 깊이 관여하는 '성찰적 기능(reflective functioning)' 또는 '정신화(mentalization)'는 이러한 질문에 심리학적인 답변을 제시하고 있으며, 궁극적으로는 안정애착을 형성하고 참 자기를 형성해 가는 주된 논리를 설명하기도 한다. **'성찰적 기능(또는 반영적 기능)'**이란 개인이 타인의 행동과 생각에 반응하는 것을 가능하게 하는 정신적 기능으로 타인이 마음에 가지고 있는 신념, 느끼는 감정, 예측하고 있는 희망, 숨겨진 의도나 핑계, 생각하고 있는 계획 등을 '읽을' 수 있게 한다. 이미 타인과의 관계에서 경험으로 축적되어 조직된 표상들이 타인의 행동이나 생각이 보내는 신호를 해독하고 타인의 마음을 예측할 수 있도록 돕기 때문이다(Fonagy et al., 2002; Fonagy, & Target, 1997).

이에 비해 **'정신화'**란 마음이 우리가 경험하는 세계(자기, 타인, 환경)를 중재하고 있다는 것을 자각하는 과정이다. 다시 말해서 우리가 경험하는 세계는 마음에 의해 중재과정을 거치기 때문에 객관적 또는 실제적으로 세계를 이해한다기보다는 오히려 주관적으로 세계를 이해한다는 것을 깨닫는 과정으로 정신화 능력은 대상을 보다 객관적으로 이해하게 한다. 즉 마음이란 세계와의 경험에서 축적된 표상들로서 경험의 세계를 해석하는(중재하는) 렌즈와 같을 뿐이다. 결국 마음을 통해 대상을 이해한다는 것은 대상에 대한 축적된 표상을 사용하여 해석된 '주관적인 정의(subjective definition)'를 이해한다는 것이지 대상을 '있는 그대로' 그려내는 것은 아니다. 그러므로 정신화는 주체로서의 자기(I)를 통해 사물을 바라보게 할 뿐만 아니라 객체로서의 자기(Me)를 통해 사물을 '있는 그대로' 볼 수 있게 하여 객관적이고 균형적인 자기발달에 영향을 미친다(Fonagy et al., 2002). 이러한 '정신화'를 작동시키고 이루게 하는 정신적 활동이 바로 '성찰적 기능'이다.

'성찰적 기능'이라는 용어는 사실 심리철학자인 대니얼 데닛(Dennitt, 1987)이 말한 '지향적 태도(intentional stance)'에 뿌리를 두고 있지만 궁극적으로는 '마음의 이론(theory of mind)'에 기반하고 있다(Fonagy, & Target, 1997). **마음의 이론**'이란 개인이 어떤 행동을 볼 때 그 행동을 일으키는 다양한 마음의 상태(믿음, 의도, 욕구, 느낌, 관점 등)를 추론하여 자기 자신 또는 타인에게 적용할 줄 아는 능력이라고 할 수 있다. 동시에 타인의 마음이 자신의 마음상태와 다를 수 있다는 것을 이해할 수 있는 능력이기도 하다(Premack, & Woodruff, 1978).

'마음의 이론'은 영아가 세계를 경험하면서 만들어진다. 예컨대 말러(Margaret Mahler, 1897~1985)의 심리발달과 포나기의 정신화 발달에 비추어 보자면, 신생아는 자기와 세계 자체를 구분하지 못한다. 즉 자기도 없고 대상도 없다. 하지만 신생아기가 지나면 아기는 대상에 대해 인식하기 시작한다. 그렇지만 자기와 대상을 혼동하며 마치 대상과 하나인 것처럼 느낀다. 다시 말하면 애착대상(엄마)을 자기 자신의 일부라고 생각한다. 그리고 점차 엄마를 자신과 분리된 대상으로 감지하면서 사회적 대상으로 관계 가운데 소통하고 있다는 사실을 알게 된다. 낯가림을 보이는 생후 약 5개월 이상이 되면 타인을 구분하여 인식할 줄 알게 되며, 생후 9개월이 되면 목표 지향적인 모습을 보이면서 자신과 타인은 자율성이 있으며 행동에는 '목적' 이라는 마음상태가 존재하고 있다는 것을 배우게 된다.

말러의 심리발달 단계	정신화 발달 단계
• 정상적 자폐기(Normal Infantile Autism, 0~1 month) : 신생아기로 아기는 자신과 주 양육자를 구분할 줄 모른다. 이 시기는 관계적 애착을 이루지 못하며 자기(self)도 대상(object)도 없다. 쾌락의 원리에 따라 생리적 항상성을 유지하며 생존한다. • 정상적 공생기(Normal Symbiosis, 2~8 or 9 months) : 애착 과정이 이루어지는 시기이며 대상에 대해 인식하는 시기이다. 그러나 자신과 대상을 혼동하며 독립적 개체로서의 인식은 하지 못하고 마치 대상과 하나인 것처럼 인지한다. 이러한 공생적 인지는 아이에게는 절대력이 있는 전능체계(an omnipotent system)의 의미로 인지되어 대상과의 관계에서 절대적 신뢰와 만족을 경험하게 한다.	• 신체적 기관(Physical Agent)으로서의 자기 단계 : 신생아는 자신에게서 일어나는 자극과 외부의 자극을 구분하지 못한다. 신체적 기관 단계는 아기가 자극을 육체적 차원에서 경험하여 자신과 환경의 자극에는 차이가 있다는 것을 인식하여 자기와 타인 또는 자기와 사물의 분화를 준비하는 단계이다. 특히 근접한 환경에 영향을 일으키는 행동의 에너지원이 자기 몸에서 시작한 것인지, 외부에서 시작한 것인지를 감지하는 신체적 존재로서 자기를 경험한다. • 사회적 기관(Social Agent)으로서의 자기 단계 : 아기는 선천적으로 사람들과 관계하고자 하는 상호주관성[14]을 가지고 태어난다. 신체적 기관 단계에서 자신과 환경의 자극을

말러의 심리발달 단계	정신화 발달 단계
• 분리와 개별화 단계(Separation & Individuation, 5~36 months) : 4개의 하위단계들로 구성된다. **분화단계**(5~9 month)는 자기와 대상을 구분하기 시작하며 낯선 사람에 대한 불안(Stranger Anxiety)과 목표지향적인 모습을 보인다. **연습단계**(10~16 months)는 운동 신경의 발달로 자율적 능력이 발달하여 자기애가 발달한다. **화해단계**(16~24 months)는 자기와 대상의 인식이 현실인식으로 발전하여 자기 능력의 한계와 실패를 현실에서 경험하면서 의존과 자율성 사이에서의 갈등을 경험하게 된다. **정체성 확립과 대상 항상성 형성 단계**(Consolidation of Individuality and the Beginnings of Emotional Object Constancy, 24~36 months)는 성공과 실패를 경험하면서 긍정적 부정적 표상을 통합하는 능력이 발달하여 자신의 정체성을 형성하는 시기이다. 대상 항상성은 극단적인 지각과 감정을 조절하여 정상적 관계를 유지하게 하는 중요한 장치이다. 주 양육자와의 대상관계에 따라 심리적 분리가 이루어지거나 정상적 개별화(Individuation)가 이루어진다. • 자기와 대상의 항상성 단계(Constancy of Self & Object, 36 months): : 개별화 단계의 마지막 단계로 타인을 자신과 분리된 개체로 인식한다. 대상항상성이란 대상의 존재가 유아의 내면에 긍정적 내적심상으로 남아 지속적인 영향을	육체적으로 구분하는 능력과 함께 아기는 사회적 기관으로서 적극적으로 타인과 관계를 맺는다. 특히 정서적 소통관계뿐만 아니라 주관성을 가진 정서-의도적 상호관계(emotional-intentional correlates)를 발달시킨다. • 목적론적 기관(Teleological Agent)으로서의 자기 단계 : 생후 약 9개월이 되면 목적 지향적 행동을 이해하기 시작한다. 이를 '**생후 9개월의 사회-인지적 혁명**'이라고 부른다. 목적론적 기관 단계에서는 자기와 타인의 행동에는 목표가 있다는 것을 감지한다. 목적론적 단계의 의미는 목적과 수단을 구별할 수 있다는 것, 새로운 상황에 맞게 행동을 수정할 수 있다는 것, 그리고 목적을 위해 가장 효과적인 수단을 선택할 수 있다는 것을 포함한다. 하지만 목적론적 단계에서는 원인론적 사고와 행동을 이해하지 못한다. 목적론적인 이해는 목적에 따라 행동이 이후에 도출된다는 단순한 이해이지만, 원인론적이라는 의미는 사건 이전에 요구되는 전제조건이 필요하다는 것을 강조하기 때문이다. • 의도적 정신 기관(Intentional Mental - agent)으로서의 자기 단계 : 생후 2년이 되면 유아는 타인의 마음 상태와 의도를 읽을 수 있는 능력이 발달하기 시작하면서 미래를 예측하기도 한다. 즉 정신화가 발달하는 기초적 조

말러의 심리발달 단계	정신화 발달 단계
미치는 현상으로 예를 들면 엄마가 부재 중일지라도 엄마에 대한 표상으로 여전히 엄마와의 관계가 유지되어 심리적 안정감을 유지할 수 있게 한다. 또한 엄마가 어딘가에 있을 것이고 자기에게 돌아올 것이라는 것을 인지할 수 있는 능력을 포함한다. 즉 엄마를 분리된 개체로 인식하여 엄마의 계획과 행동이 있다는 사실을 알게 된다. '대상항상성'을 획득하기 위해서는 피아제가 제시한 대상영속성과 에릭슨이 제시한 '신뢰 대 불신' 과제에서 신뢰를 획득해야만 한다.	건이 형성되는 단계이다. 타인에 대한 목적론적인 이해를 넘어서 타인의 의도를 이해하지만 과거 경험의 표상을 현재 경험의 원인으로 연결하지는 못한다. • 자서전적 자기 단계(Representational Agent) : 생후 4~5년에 발달하는 단계로 자기와 타인의 현재 행동 이면의 의도, 원인, 계획 등을 과거 경험의 단편적 표상들과 논리적이고 인과적인 연결을 시도하여 개인의 경험을 자서전적 이야기로 만들어 낼 수 있는 단계이다. 즉 현재의 내적 상태와 과거의 내적 경험의 표상을 동시에 이해하고 연결하는 원인론적 추론을 통해 현재의 결과가 과거 경험에 기인하고 있다는 기억의 조직이 가능하다.

표4-4. 말러의 심리발달과 포나기의 정신화 발달

결국 애착대상과의 관계에서는 '믿음 또는 신뢰'라는 마음의 상태가 형성될 수 있고, 기어 다니는 운동력이 형성되면 자율적으로 행동하고 싶은 '욕구', 목적을 가지고 기어가는 '의도' 등의 마음의 상태가 발달과정에서 세계를 경험하며 만들어진다. 그리고 이러한 경험의 반복과 함께 인지발달이 이루어지면서 마음의 상태가 행동을 만들어 낸다는 것을 추론하기도 하고 반

---

14) '상호주관성'이란 '두 주체(예: 엄마와 아기)가 가진 주관성 간의 상호작용'을 말하는 것으로 심리학에서는 선천적으로 내재된 '관계를 맺고자 하는' 생리-심리적 프로그램을 말한다.

대로 행동을 보면서 마음의 상태를 추론할 수 있는 능력이 형성된다. 이와 같이 다양한 마음상태와 행동 사이의 관계를 추론하고 예측하는 능력이 '**마음의 이론**'이며 건강하게 기능하는 '마음의 이론'은 다음의 두 가지 요소가 중요하게 작용한다.

- 자신의 마음의 상태와 행동을 정확하게 추론하는 능력.
- 자신의 추론 능력에 근거하여 타인의 마음의 상태와 행동 간의 관계를 정확하게 추론하여 예측하는 능력.

만약 '마음의 이론'이 어떤 이유에서든 결여될 경우 자신의 마음의 상태와 올바른 행동의 연결고리를 추론하지 못할 뿐만 아니라 타인의 마음 상태나 행동 역시 자신의 추론과 연결시키지 못하기 때문에 공감능력이 떨어지며, 자신의 시각으로 타인의 행동을 이해하거나, 심할 경우 자기 세계에 고립되어 자폐증과 같은 현상이 나타난다.

| 정신화의 네 가지 차원 |

성찰적 기능 또는 정신화는 '마음의 이론'이 확장된 개념이다. 포나기와 그의 동료들(Fonagy et al., 2002; Fonagy et al., 2012)은 '마음의 이론'의 개념은 마음과 행동의 관계를 인지 구조적인 측면에 치우쳐 다루었기 때문에 마음상태에서 일어나는 행동에 대한 해석이 너무 좁은 의미에 머물렀다고 이해한다. 그들은 인간의 마음에서 일어나는 다양한 현상에 대한 마음의 중재과정을 설명하기 위해 정신화를 크게 네 가지 대조적인 구조의 차원으로 제시했다.

첫 번째 차원은 '**인지적 정신화 대 정서적 정신화**(cognitive vs. affective mentalization)'이다. 욕구에 기반을 두고 있는 감정과 초기 관계의 신뢰를 이해하는 인지적 능력은 발달적으로 서로 다른 시기에 나타난다. 대인관계에서 감정과 인지를 이해하는 서로 다른 정신적 구조가 각각 다른 시기에 구조화된다는 의미이다. 포나기와 그의 동료들은 이러한 심리내적인 구조를 '대인관계 해석 장치들(Interpersonal Interpretive Mechanism)'[15]이라고 정의하면서 이 두 개의 대조적인 장치들이 균형적으로 통합하지 못하고 해리될 경우 인지와 정서를 통합하는데 어려움을 갖게 되고 그에 따라 서로 다른 심리장애의 형태로 나타날 수 있다고 설명한다(Fonagy et al., 2002, Fonagy et al., 2012). 즉 균형적으로 통합될 경우 생각과 감정이 상보적으로 작용하는 정신화로 인해 감정은 조절되고 생각은 객관적으로 유지될 수 있지만, 반대의 경우는 생각과 감정이 각각 따로 증폭되어 왜곡된 생각과 감정폭발로 나타날 수 있다.

인지적-정서적 정신화 차원은 애착유형적 측면에서도 매우 설득력 있게 기능한다. 안정유형은 대인관계의 대조적인 해석 장치들이 균형과 통합을 이루며 기능하기 때문에 인간관계에서 주고받는 정서적 교감에서 상대방이 감정과 함께 보내는 핵심의도를 잘 읽어낼 수 있다. 하지만 불안정 유형의

---

15) 포나기와 동료들은(Fonagy et al., 2002) '대인관계 해석 장치들(Interpersonal Interpretive Mechanism; IIM)'을 두 가지 하위구조로 나누어 설명했다. 대인관계의 정서적 해석 장치인 IIM-a(정서를 의미하는 affect의 줄임-a)와 인지적 해석 장치인 IIM-c(인지을 의미하는 cognition의 줄임-c)이다.

경우 이 장치들을 균형적으로 통합할 수 있는 능력에 한계를 가지기 쉽다. 불안정 회피형의 경우 인간관계 경험에서 상대방이 보내는 감정에 담긴 핵심내용을 인지하는 것이 어렵다. 초기관계에서 주 양육자의 감정과 생각을 읽어내는 경험이 결핍되어 있기 때문에 대인관계에 대한 정서적 장치와 인지적 장치가 균열을 보이기 때문이다. 반대로 불안/집착형의 경우는 감정에 쉽게 압도되는 특성으로 인해 감정을 인지적 지식과 통합하는 정신화 과정을 경험하기가 어렵다. 감정에 압도될 경우 인지과정은 왜곡되기 쉽고, 다양한 대안보다는 극단적인 흑백논리로 치우치게 된다.

두 번째 차원은 '**자동적 정신화 대 통제적 정신화**(automatic vs. controlled mentalization)'로서 두뇌의 신경 경로의 특징과 관계한다. 여기서 '자동적'이라는 의미는 마음형성과 행동 기능에 관여하는 신경세포의 시냅스 구조들이 선천적으로 또는 초기에 복잡하게 연결되어 경험에 대한 정보가 이미 암묵적으로 저장되어 있고 그 과정이 두뇌에 깊이 새겨져 있을 뿐만 아니라 통제적 신경구조에서는 접근하지 못한다는 것을 의미한다. 자동적 경로는 반사적이며 감각에 이끌려 작동하기 때문에 의식에서 눈치 챌 수 없다. 즉 의도, 자각, 주의와 같은 기능이 불가능하거나 매우 어렵다.

반대로 '통제적'이라는 의미는 자발적이며, 명시적이고, 의식적인 과정을 말한다. 언어화될 수 있으며, 고차원적인 인지적 목적에 의해 통제될 수 있고, 성찰, 주의, 자각 등으로 행동수정도 가능하다. 예컨대 아기가 반사적으로 감정에 반응하는 것은 자극에 이끌리는 것이며 선천적인 경로에 따라 작용되는 자동적 과정이지만, 애착대상(엄마)이 아기의 신호에 민감하게 반응하여 감정을 조절하도록 의식적, 자발적으로 돕는 것은 통제적 과정에 속한다. 아기는 엄마의 공감반응을 경험하면서 반사적, 자동적으로 일어나는 자신의 감정을 스스로 조절하는 자기-통제기능을 만들어 갈 수 있는데 이는 인지발달과 함께 점차 수정 가능한(modifiable) 통제적 정신화를 습득하는 의식적 과정으로 발전 할 수 있다. 다시 말해서 정서조절 경험이 반복되면 자기-통제를 위한 시냅스 구조가 형성되면서 자동적 반응으로 올라오는 감정을 모니터링하고 평가하여 감정반응을 억제하거나 수정할 수 있다.

뇌 영상 자료에 따르면 자동적 대 통제적 정신화 과정은 서로 다른 두 개의 독립된 신경인지시스템에 의해 하나는 반사적(reflexive) 경로를 통해 다른 하나는 반영적(reflective) 경로로 작동한다(Lieberman, 2007). 두 경로가 반응하는 뇌의 부위와 작동하는 원리는 서로 다르다. 안정애착을 위해 두 시스템 중 어느 하나는 좋은 경로이고 다른 하나는 나쁜 경로라고 할 수도 없다. 환경적 상황에 따라 그리고 선천적 생리에 따라 균형적으로 기능하는 것이 필요하기 때문이다. 특히 일상의 대인관계에서 우리는 통제적 정신화 보다는 나도 모르게 나의 방식대로 상대방을 대하는 자동적 정신화에 지배적으로 의존하는 경향이 있다.

예컨대 안정애착 유형인 엄마들은 초기의 애착관계에서 아기에게 자동적으로 일어나는 부정적 감정에 대해 안정감 있고 일관적으로 반응하여 아기가 스스로 정서를 조절하고 안정애착을 형성할 수 있도록 돕는다. 하지만 인지와 언어가 발달하지 않은 초기의 애착경험은 암묵적 기억 또는 체화된 기억으로 남아 자동적 시스템에 의존하여 현재의 행동에 암묵적인 영향을 미친다. 엄마와의 관계에서 습득한 안정애착 태도가 인간관계에서 자동적인 행동을 통해 드러나는 것이다. 그리고 상황에 따라 의식적인 통제가 필요할 경우 통제적 정신화를 통해 자기를 조절할 수 있다. 하지만 불안정애착 유형의 경우 초기 관계에서 정서조절을 습득할 기회가 적다. 결국 아기는 스스로 부정감정을 다룰 수 없게 되어 반사적으로 불안에 예민하게 반응하든지 억압을 통한 과도한 정서조절을 자동적 경로로 구조화한다. 결국 인간관계에서 불안하고 예민한 태도를 보이거나 반대로 감정을 회피하는 방어적 태도를 보일 수 있다. 그리고 의식을 통한 반영적 경로 역시 감정에 의해 편향된 정보이해로 객관적 성찰이 어려울 수 있다.

세 번째 차원은 '**자기-지향적 정신화 대 타인-지향적**(self-oriented vs. other-oriented mentalization)'이다. 정신화의 핵심이 행동의 이면에 있는 행동 주체의 마음상태를 읽을 수 있는 능력이라고 할 수 있기 때문에 행동 주체가 자기이든 타인이든 그 행동을 이해하기 위해서는 인지적 측면에서 '사회적 이해능력(Social understanding)'이 얼마나 발달했는가가 중요하다.

이러한 사회적 이해능력에 기인하여 대부분의 정신화 연구들은 자기-지향적 보다는 타인의 인지에 대한 정신화에 초점이 맞추어져 진행되었다. 상대적으로 자기-지향적 정신화 연구가 미흡한 상태이지만 자기-지향적 정신화에 대한 내용은 메타인지 분야에서 사실상 많은 부분을 공유하고 있다. 하지만 자신의 마음을 모니터링하고 인지과정에 대해 통제하는 부분에서는 메타인지와 중복되지만 '정신화'의 경우 그보다 넓은 부분(예를 들어 반사적이거나 정서적인 부분)을 포함하고 있기 때문에 같은 선상에서 볼 수 없다는 논쟁을 피할 수 없다(Liljenfors, & Lundh, 2015).

정신화의 자기-지향적 측면이든 타인-지향적 측면이든 그 형성과정은 정신화의 다른 차원들과 마찬가지로 초기 애착관계의 상호작용을 통해 만들어진다. 초기 애착관계에서 아기는 엄마를 관찰하고 모방하면서 엄마에 대한 내적 정신 상태를 내면화하게 되는데 이 때 엄마뿐만 아니라 자기를 반영하면서 엄마에 대한 표상과 자기에 대한 표상이 상호관계적으로 형성된다. 더욱이 신경생물학적으로 타인에 대해 정신화하는 신경회로는 자기 자신에 대해 성찰하는 회로와 **같은 회로**에 의존하기 때문에 엄마에 대한 표상을 형성하는데 관계하는 신경회로와 자기에 대한 표상의 형성에 관계하는 회로는 서로 상호관계한다고 볼 수 있다(Dimaggio et al., 2008). 자기 자신의 인지와 감정을 들여다보는 자기-지향적 정신화가 타인의 인지와 감정을 이해하는 타인-지향적 정신화와 매우 밀접하게 연결되어 있는 이유이다.

특히 애착대상(엄마)의 정서조절과 '티가 나게(marked)'[16]반응하는 민감한 돌봄은 아기가 애착대상과의 상호작용을 통해 자신의 인지와 감정을 이해하는 자기-지향적 정신화를 습득하는 중요한 역할을 한다. 그러나 아기가 엄마의 '티가 나게' 반응하는 민감한 돌봄을 알아볼 만큼 타인의 정서를 감지하는 인지적 능력[17]이 이미 선천적으로 형성되어 있는지, 그래서 타인-지향적 정신화가 아기 때부터 가능한지, 아니면 아기들은 타인의 주관적인 마음상태를 알아차릴 수 있는 의식적 인지능력이 아직 없기 때문에 아기가 먼저 타인의 정서를 인지하는 것은 불가능하다고 보는지에 관해서는 갈등이 있다(Gergely, & Unoka, 2008; Fonagy et al., 2002).

포나기와 동료들은 후자의 입장을 취하면서 아기의 경우 타인의 주관적

---

16) 포나기에 의하면 아기와 엄마와의 초기관계에서 아기가 표현하는 감정을 엄마가 얼굴표정과 목소리 등에서 '티가 나게' 반영해 주어야(예를 들면 감정의 과장된 표현, 반대 감정과의 희석 등) 아기는 그것을 보고 자신의 정신상태 또는 감정은 타인이 인식할 수도 있고 타인과 공유할 수도 있다는 것을 서서히 알아갈 수 있기 때문에 엄마의 '티가 나는' 민감한 반응은 아기의 정신화 형성에 매우 중요하게 작용한다.
17) 인지적으로 타인의 정서를 감지할 수 있는 명시적(explicit)/통제적(controlled)정신화의 능력을 말한다.

마음상태가 반사적이고 자동적으로 아기 에게 옮겨짐으로서 세 번째 차원
의 정신화가 이루어진다고 해석하지만, 만약 그렇다면 정신화에 있어서 '티
가 나게' 반응하며 돌보는 애착대상의 역할이 불필요할 수 있다는 문제가 생
긴다. 왜냐하면 포나기와 동료들(Fanagy et al., 2002; Fonagy, Bateman,
& Luyten, 2012)에 따르면 엄마가 '티가 나게' 반응해야 아기는 엄마와의
상호작용에서 엄마의 '티가 나게' 표현된 감정이 엄마의 감정인지 자신의 감
정인지를 구별하고 결정할 수 있으며, 결국 이것이 아기의 개별화를 이루는
핵심으로 작용한다고 설명하기 때문이다.

하지만 이러한 문제는 공동체적 자아라고 할 수 있는 '**상호주관성**(in-
tersubjectivity)' 이론에 의해 해결될 수 있다(Liljenfors, & Lundh, 2015).
트레바덴(Trevarthen, 1977, 1979)은 갓 태어난 신생아의 상호주관성에 대
해 연구하였는데 아기가 엄마의 표정이나 행동을 경험하고 모방하는 과정
이 단순히 행동을 수동적으로 따라하는 차원을 넘어 엄마와의 관계형성을
위해 적극적으로 상호작용하여 결국 감정까지 주고받는다는 사실을 발견하
고 아기에게는 타고난 '관계로 이끄는 장치'가 있다고 보았다. 그리고 이것
을 '**일차적 상호주관성**(primary intersubjectivity)'이라고 명명하였다.

특히 트레바덴이 설명한 일차적 상호주관성은 자기(self)가 형성되지 않은
매우 어린 나이에도 암묵적 소통을 통해 나타날 수 있다는 사실을 실험[18]으

---

18) 신생아에게 장난감과의 상호작용과 엄마와의 상호작용이 어떻게 다른가를 알아보는 실험에서 생후 2개월이 되자
아기는 장난감에서 보이는 반응과 엄마와 함께 상호작용하면서 보이는 반응이 달랐다. 아기는 자신의 행동을 되
돌려 주지 못하는 장난감에는 일방적인 반응을 보였지만 엄마의 행동에 대해서는 미소, 옹알이, 신체반응 등의
적극적이고 주체적인 상호작용을 보였을 뿐만 아니라 두 주관성이 함께 만들어내는 마음상태의 공유가 있었다
(Trevarthen, 1977).

로 증명한 개념이라는데 설득력이 있으며 정신화와 관련하여 다음과 같이 요약될 수 있다.

- 선천적으로 내재되어 본능적으로 상호관계를 활성화하는데 작용.
- 감각-운동적인(sensory-motor) 타인에 대한 정신적 이해능력.
- 정신화와 동일한 개념은 아님.
- 자기-지향과 타인-지향적 정신화를 형성하는데 중요한 바탕으로 작용.

그러므로 비록 아기가 의식적 인지능력으로 타인에 대한 주관적인 마음상태를 알아차리는 것은 아닐지라도 선천적으로 관계를 지향하는 일차적 상호주관성이 배경으로 작용한다면 자기-지향적 정신화와 타인-지향적 정신화가 동시에 발달한다는 설명이 가능해진다. 결국 나의 정신 상태를 아는 만큼 타인의 정신 상태를 이해할 확률이 높다(Dimaggio et al., 2008).

정신화의 마지막 차원은 '**내적으로 집중된 정신화 대 외적으로 집중된 정신화**(internally focused vs. externally focused mentalization)'이다. 내적으로 집중된 정신화란 사고, 감정, 경험에 대한 기억 등과 같이 자신이나 타인이 가지고 있는 내적인 정신 기능들에 집중된 정신화 과정을 말하며 외적으로 집중된 정신화란 자신이나 타인의 육체적, 행동적 특징들과 같이 관찰될 수 있는 요인들에 집중된 정신화 과정을 말한다(Fonagy et al., 2012).

예컨대 아기와 엄마의 초기 상호작용에서 아기는 엄마의 '티가 나는' 감정 표현이 무엇을 의미하는지, 감정 이면에 숨겨진 의도나 전달하고자하는 내용이 무엇인지를 이해하는 내적으로 집중된 정신화 과정을 발달시킨다. 하지만 아기에게 이러한 내적으로 집중된 정신화가 가능하기 위해서는 엄마가 보여주는 외적인 단서들, 즉 얼굴표정, 시선의 방향, 목소리 등과 같은 행동적 특징을 구별하는 정신화 과정이 필요하다. 아기와의 관계에서 아기가 보내는 신호에 엄마가 '티가 나게' 반영해야 하는 이유는 아기가 엄마의 외적 단서에 좀 더 쉽게 주의 집중할 수 있도록 도울 뿐만 아니라 엄마의 외적 표현을 통해 자기 자신의 얼굴과 몸에도 주의를 집중하도록 만들며, 나아가 외적인 단서와 연결되어 있는 내적인 의도나 감정을 알아차리는 '내적으로 집중된 정신화'로 자연스럽게 인도하기 때문이다.

결국 건강한 애착관계에서 만들어지는 정서조절 능력과 안정애착 유형은 내적으로 집중된 정신화와 외적으로 집중된 정신화가 균형을 이루며 반복된 결과라고 할 수 있다. 만약 정신화의 내-외적인 두 영역이 균형을 이루지 못한 채 애착관계가 지속된다면 타인의 외적인 표정이나 행동에만 집중하여 내적인 의도나 마음상태를 제대로 이해하지 못하는 인간관계를 형성하거나, 반대로 타인의 내적인 마음상태는 잘 읽고 심지어 그 마음상태를 악용할 수도 있지만 외적인 표정에서 타인이 나타내는 감정의 외적 단서(얼굴표정, 목소리 톤 등)는 잘 읽지 못해 결과적으로 공감하지 못하여 타인과 올바른 관계를 맺지 못하게 된다. 애착의 측면에서 보면 내-외적인 정신화 영역의 불균형은 불안정 애착이 어떻게 정신역동적 측면에서 형성될 수 있는지의 과정에 대한 적절한 해답으로도 제시될 수 있다.

사실 '마음의 이론'에 기초하여 자신의 마음을 올바로 추론하는 기능만 살펴본다면 메인의 메타인지에 대한 설명과 포나기의 성찰적 기능 또는 정신화에 대한 설명은 매우 비슷한 의견을 제시하는 것 같아 보인다. 하지만 면밀히 살펴보면 접근방식에서 차이를 보인다. 메인의 경우 성인애착연구에서 결과적으로 나타나는 개인의 차이를 설명하기 위해 메타인지를 사용하였다면 포나기는 애착대상과의 초기경험에서 발달적으로 습득되는 사회적 인지를 설명하기 위해 정신화를 설명하였다. 말하자면 정신화는 애착에 대한 보다 더 근원적인 문제를 다루고 있는 셈이다.

CHAPTER 5
애착형성과
유형의 발달

애착형성과
유형의 발달

| 애착의 형성 |

에인즈워스의 실험으로 애착현상은 유형화가 가능해졌다. 그녀의 낯선 상황 실험과 더불어 애착에 대한 학자들의 계속된 관심과 거듭된 실험은 애착의 유형을 세 가지 유형론에서 네 가지 유형론으로 확장시켰다. 애착유형은 주 양육자와의 초기 관계의 질에 따라 서로 다른 유형으로 발전한다. 안정형의 경우 주 양육자의 안전기지와 안전한 도피처 역할이 충분히 제공되어 정서조절과 함께 심리적 안정감을 유지하는 특징이 있지만 불안정 유형의 경우 주 양육자의 안전기지와 안전한 도피처 역할이 적절하지 않아 정서적 문제와 함께 다양한 불안정 애착의 특징을 보이게 된다.

그렇다면 주 양육자와의 초기 관계의 시작은 언제부터이며 애착을 형성하고 유형화가 되기까지 어떤 특징을 보일까? 사실 이 질문은 보울비와 에인즈워스 각각의 입장에 따라 미묘한 차이를 보인다. 애착형성의 근원을 묻는 질문이지만 두 사람 간 방향의 차이가 존재한다.

보울비의 경우는 주 양육자와 아기와의 애착관계가 어떻게 전형적으로 형성되는가에 관심이 있다. 다시 말하면 그는 애착이 형성되는 **규준적인 과정**(normative process)이 있는가에 초점을 두었다. 반면에 에인즈워스는 애착 형성이 어떻게 개별화된 다른 형태로 이루어지는가에 관심을 두었다. 즉 그녀는 아기와 주 양육자 간의 초기 애착이 서로 다르게 형성되는 **개별적인 과정**(individual process)이 있는가에 집중하였다.

이렇듯 주 양육자와 아기와의 초기 관계에서 이루어지는 애착형성에 관한 두 사람의 관심은 비록 서로 다르게 출발했지만 언제 애착형성이 시작되는지 그리고 어떻게 애착이 서로 다르게 개별화되는지를 이해하는데 있어서는 각각 설득력 있는 설명을 제공하고 있다.

먼저 보울비는 그의 책 '애착(Bowlby, 1969, 1982)'을 통해 애착이 형성되는 초기과정에 관하여 상세하게 다루었다. 그는 애착 행동의 근원에 대해 생각하면서 인간 행동이 출생 이후 환경과의 상호작용으로부터 시작된다고 보지 않았다. 즉 인간은 태어날 때 아무 것도 없는 백지상태로 태어난다는 소위 '빈 서판(tabula rasa)' 개념에 반대했다. 그의 생각은 아기의 행동 시스템은 일부의 경우 이미 태어나면서부터 활성화시킬 수 있는 완성된 상태이고 심지어 특정 자극에 대한 경향성을 가지고 있다고 보아 애착 형성의 선천적인 영향을 배제하지 않았다.

신생아 아기가 보이는 다양한 반사행동들 중 일부는 보울비의 관점에서는 애착형성에 영향을 주는, 선천적으로 완성된 상태의 행동들이다. 예컨대 울기, 빨기, 매달리기, 엄마의 젖 냄새 알아차리기 등은 이후 엄마와의 애착을 형성하는데 핵심적으로 관여하는 행동들이다. 보울비는 신생아의 이러한 행동들이 생존을 위한 본능과 관계한다고 보았다. 특히 동물생태학에 관심이 컸던 그는 동물들의 새끼에게서 볼 수 있는 생존을 위한 본능적 행동들이 새끼와 어미 사이의 애착 형성에 동일하게 관계한다고 보아 애착 현상은 인간에게 국한된 것이 아니라는 것을 분명히 했다.

만약 애착형성을 일으키는 행동체계가 생존하려는 인간의 본능 또는 유전적 질서에 근거한 것이라면 모든 인간이 동일하게 가지는 일련의 규준적 과정으로서의 애착형성 단계가 존재해야만 한다. 의식이 아니라 본능적으로 선천적 정보에 따라 발생하는 행동체계이기 때문이다. 결국 보울비의 경우 엄마와 아기의 관계에서 나타나는 애착의 후천적 영향을 강조하고 있지만 선천적인 규준적 단계의 당위성을 아울러 제시하고 있다.

보울비가 제시한 애착형성에 대한 규준적인 국면들은 크게 네 단계로 구성된다. 첫째 단계는 출생부터 생후 약 8~12주에 이르는 시기로 아기가 생존을 위한 본능적 행동체계를 보이지만 오직 후각과 청각에 의존하여 사람을 구별하고 반응하는 단계다. 이 시기의 아기들은 자극이 오는 방향을 구별할 수 있고, 붙잡기도 하고, 웃기도 하지만 모든 사람들에게 반사적으로 반응하기 때문에 사회적 반응이라고 할 수는 없다. 특히 선천적인 애착신호(울기, 미소 짓기, 쳐다보기, 붙잡기 등)를 주 양육자에게 보내면서 돌봄과 애착의 반응을 이끌어 내지만 아직 주 양육자와 애착관계를 가진 상태는 아니기 때문에 전 애착단계(Pre-attachment Phase)라고도 부른다. 보울비는 이 단계를 '**사람에 대한 제한된 분별 반응 단계**'라고 불렀으며 만약 이 시기에 열악한 환경이 아기에게 주어질 경우 이 단계는 더 오랫동안 지속될 수 있다고 보아 환경의 영향을 강조했다.

둘째 단계는 생후 약 3개월에서 6개월에 이르는 시기로 첫째 단계와 비슷한 행동체계를 보이지만 이전 단계보다 타인을 보다 분명하게 분별하여 자신을 돌보는 엄마(주 양육자)에게는 보다 뚜렷하게 반응을 보이고 좀 더 많은 사회적 행동을 보이는 특징이 있다. 이러한 과정을 통해 아기는 자신의 행동이 주변의 타인의 행동에 영향을 미친다는 사실을 알게 된다. 아직 이 시기의 아기들은 주 양육자와 분리되어도 저항하지는 않으며 자신에게 민감하게 반응하는 사람에게 강한 애착을 보인다. 보울비는 이 단계를 '**분별적 사회적 반응 단계**'라고 불렀다. 그리고 이 단계 역시 열악한 환경일 경우 오래 지속될 수 있다고 보았다.

셋째 단계는 일반적으로 생후 약 6~7개월부터 시작되지만 엄마와의 접촉이 부족한 아기의 경우 생후 약 12개월경부터 나타나기도 한다. 그리고 이후 생후 약 2년까지 지속된다. 애착이 적극적으로 형성되는 시기로서 엄마를 안전기지와 안전한 도피처로 사용할 줄 알고 분리에 민감하여 분명한 낯가림과 분리불안을 보인다. 6~15개월 사이에는 불안이 증가하며 기질과 환경 및 양육행동의 질에 따라 분리불안과 낯가림은 다르게 나타난다. 일반적으로 분리불안의 경우 6~8개월에 나타나며 10~12개월에 가장 심하다가 생후 약 24개월 이후 소멸된다. 보울비는 이 단계를 '**구별된 대상에게 근접성을 유지하는 단계**'라고 하였으며 '분명한 애착단계'라고 불리기도 한다.

마지막 단계는 영아기에서 유아기로 넘어가는 시기(18개월~2년 이후)로 인지적인 발달을 이루면서 주변 환경과 대상에 대한 예측이 가능해진다. 엄마가 자신에게서 떨어질지라도 시공간에 함께 존재하고 있다는 대상영속성 개념을 획득하게 되어 자연스럽게 불리불안이 감소되는 단계이다. 이 단계의 유아는 엄마의 행동을 관찰하면서 그 행동은 엄마가 세운 행동목표가 이루어지는 결과라는 개념을 터득한다. 즉 엄마의 감정과 행동의 동기까지 이해하는 인지적 발달을 이룬다. 더 나아가 유아는 엄마의 감정이나 행동 동기를 파악하여 보다 나은 관계를 위해 자신의 목표를 수정하기도 하고, 급격한 언어발달이 이루어지면서 자신의 행동목표 수정을 위해 엄마에게 요청이나 설득으로 협상하기도 한다. 결국 상대방의 행동 동기를 사회적 관계에 적용하여 보다 복잡한 관계형성을 만들어 갈 수 있는 목표 수정 능력이 형성될 만큼 유아의 정신세계는 획기적인 발전을 이룬다. 보울비는 복잡한 사회관계 형성을 유아와 엄마가 서로 상호적으로 발달시킨다는 의미를 담아 '파트너'라는 용어를 사용하여 이 단계를 **'목표 교정적 파트너관계 형성 단계'**라고 하였다(Bowlby, 1969, 1982).

보울비의 관점과는 달리 에인즈워스는 애착형성의 개별화에 관심을 두었다. 하지만 엄밀히 말하면, 그녀가 가졌던 애착의 개별화에 대한 관심은 보울비의 생태학적이고 행동지향적인 입장에서의 애착이론에 기반하고 있기 때문에 서로 강한 연관성을 가지고 있다. 또한 에인즈워스 역시 신경생리학적으로 경험에 의존하는 뇌의 독특한 발달적 특성을 인정했기 때문에 아기는 태어나는 순간 환경 적응을 위해 엄마의 민감한 반응을 기대하게 된다고 보았다. 만약 그러한 선천적인 뇌의 특성이 존재하지 않는다면 엄마의 민감한 반응에 대한 경험은 아기에게 그다지 중요하지 않거나 필요하지 않게 되고 결과적으로 애착의 개별화는 일어나지 않기 때문이다.

그러므로 비록 애착유형의 분류가 아기가 엄마와 가지는 관계의 질에 근거한 환경의 영향에 바탕을 두고 있다 할지라도 아기의 애착행동 자체는 선천적인 생태학적 행동체계에 영향을 받는다고 할 수 있으며 이것은 애착형성의 독특한 구조가 된다.

에인즈워스는 우간다에서의 모자(母子)관계 관찰과 이후 '낯선 상황' 실험을 통해 아기가 보이는 애착행동이 엄마와의 관계의 질이 어떠한가에 따라 서로 다르게 발달한다는 사실을 밝혀내었다. 다시 말하면 엄마가 아기의 신호에 얼마나 민감하게 반응하는가의 차이에 따라 서로 다른 애착관계의 질적 차이가 형성되고, 결과적으로 아기의 애착행동이 개별화되는 발달적 특징을 발견한 것이다.

엄마의 행동에 대한 질적 차이는 아기로 하여금 서로 다른 개별적 애착경험이 축적되도록 만든다. 그리고 이러한 아기의 애착경험은 보울비가 설명한 규준적인 애착형성단계에 따라 축적된다(Ainsworth, 1985).

예컨대 만약 엄마의 행동이 아기의 신호(불편함, 위험, 욕구충족 등)에 민감하게 반응하면 아기는 엄마에 대해 신뢰와 안정감을 느끼면서 필요할 때마다 엄마를 찾을 수 있는 애착경험을 쌓게 된다. 그리고 이 과정은 아기의 행동체계와 정서조절이 안정된 형태로 보울비의 규준적인 애착형성단계를 거치면서 완성되도록 만든다.

하지만 엄마의 행동이 아기의 신호에 민감하지도 않고 거부하는 반응이라면 아기는 엄마와의 무관심한 관계 경험이 축적되어 엄마가 필요한 상황에서도 엄마를 회피하고 찾지 않는 상태를 보이는 행동체계로 개별화된다. 그리고 만약 엄마의 행동이 아기의 신호에 일관적이지 않게 반응한다면 아기는 엄마의 행동을 예측할 수 없기 때문에 불안 감정이 발달하면서 불안정한 애착관계 경험을 축적한다. 결국 엄마가 필요한 상황이 되면 마음이 불안정하여 양가적 행동을 보이거나 엄마와 떨어지지 않으려는 강한 집착을 보이게 된다.

이와 같이 엄마의 행동에 대한 질적 차이에 따라 아기는 서로 다른 개별적 애착 행동들을 발달시키는데 에인즈워스는 이러한 행동들의 특징적인 요인들을 관찰을 통해 세 가지 유형으로 분류하였다. 그리고 이후 메인은 에인즈워스가 발견했던 애착 특징들과 더불어 새로운 애착행동 특징을 가진 아이들을 관찰하여 불안정 혼란 유형을 추가하였다. 애착유형에 따른 주요 행동적 특징들은 다음과 같이 개별화된다.

아동애착유형	특 징	엄마의 반응의 질
안정형	• 엄마(주 양육자)와 함께 있을 동안에는 탐색 활동이 많음. • 엄마가 보이지 않으면 불안해 하지만 다시 나타나면 쉽게 안정을 찾음. • 엄마의 품에서는 감정조절로 부정적인 감정이 쉽게 진정이 됨. • 엄마와 있을 때는 낯선 사람과도 소통함.	• 일관적인 돌봄. • 안전기지 역할. • 안전한 도피처 역할.
불안정 회피형	• 엄마(주 양육자)와 반응이나 교류가 없음. • 엄마가 보이지 않아도 불안 증세 보이지 않음. • 자신을 귀찮게 하면 엄마를 회피함. • 혼자서 잘 놀지만 엄마에게는 관심이 없음. • 아기 자신이 안전기지와 도피처 역할을 함.	• 아기의 요청을 거절하거나 피함. • 일관적인 회피. • 아기보다 엄마 우선주의 반응.

아동애착유형	특 징	엄마의 반응의 질
불안정 양가형	• 엄마(주 양육자)에게서 떨어지지 않으려 함. • 엄마와 분리되면 극심한 불안과 분노를 표현. • 엄마에 대한 양가감정을 가짐(좋아하면서 싫어함). • 엄마를 신뢰하면서도 믿지 못함. • 사소한 일에도 짜증을 내거나 울음을 보임. • 자신의 요구를 얻기 위해 강하게 떼를 씀.	• 엄마가 감정에 따라 아기를 대함. • 아기에게 과도하게 감정을 표현함. • 아기를 대하는 엄마의 태도가 불규칙함. • 불안전한 안전기지와 도피처 역할.
불안정 혼란형	• 엄마(주 양육자)를 위협적인 존재로 느끼며 두려워함 → 트라우마로 작용함. • 엄마를 신뢰하지 않음. • 주눅이 들어 있고 에너지가 없음. • 스트레스 상황에서는 울면서도 엄마로부터 멀어지려 함(뒷걸음질). • 안전기지와 도피처의 부재상태임.	• 학대적인 양육. • 엄마가 스트레스가 많음. • 아기에게 분노 폭발함. • 안전기지와 도피처 역할 실패.

표5-1. 아동애착유형별 특징

| 안정형 |

에인즈워스는 애착형성 과정에서 유형을 결정짓는 주된 요인은 바로 아기의 애착대상인 주 양육자(주로 엄마)의 행동반응에 기인한다고 분명하게 말한다(Ainsworth, 1979). 즉 엄마의 민감한 돌봄이 곧 안정 애착의 전제조건이다. 민감한 돌봄은 출생 이후 아기로 하여금 환경에 좀 더 쉽게 적응할 수 있도록 도울 뿐만 아니라 성장하는 과정에서는 엄마의 의도와 행동을 예측하도록 돕는다.

대상관계이론의 '대상항상성' 개념을 빌리자면 엄마의 민감한 돌봄은 아동으로 하여금 엄마의 긍정적 이미지를 형성하게 하고 엄마가 있든지 없든지 엄마의 긍정적 의도와 행동을 예측하게 하여 심리적인 위안과 안정감을 유지하게 한다. 그리고 이것은 피아제(Jean Piaget, 1896~1980) 가 제시한 대상영속성[19]의 획득과 에릭 에릭슨(Erik H. Erikson, 1902~ 1994)이 제시한 '신뢰'라는 심리사회적 발달과제의 바탕 위에 만들어진다. 다시 말하면 안정 애착유형의 경우 애착대상과의 신뢰에 근거한 정서적 대상항상성이 잘 발달되어 자신이 안전하다는 확신과 함께 안정감과 자신감이 형성된다.

죠지 워싱턴 대학의 정신의학 및 소아과 교수이자 소아 정신과 의사였던 그린스펀(Stanley I. Greenspan, 1941~2010) 박사는 '안정감 있는 아이 (The Secure Child)'라는 책을 통해 안정형의 아이들이 가지는 몇 가지 특징들을 소개한다(Greenspan, 2002).

첫째는 인간관계를 맺고 유지하는 능력이다. 애착대상과의 성공적인 관계를 경험한 아이들은 다른 사람들과도 좋은 관계를 형성하고 신뢰를 만드는 능력이 강하다. 이것은 안정형의 대표적인 특징으로 애착대상과의 유대를 형성하고 친밀감을 느끼는 아이들은 인간관계에 대한 긍정적인 내적작동모델을 형성하여 타인에 대한 신뢰를 형성할 뿐만 아니라 자기 자신에 대해서

---

19) 대상영속성이란 대상이 보이지 않아도 대상이 어딘가 존재한다는 것을 이해하는 인지발달 과정으로 신생아 시기에는 대상영속성의 개념이 없기 때문에 물체가 시야에서 사라지면 존재하지 않는 것으로 알고 관심을 갖지 않는다. 하지만 생후 1-4개월 시기에는 사라진 지점을 보다 오래 동안 주시하며 관심을 보이다가 이후 목표지향적 행동이 발달하면서 물체가 사라진 장소와 물체가 있을 만한 장소를 예측하여 찾아낸다. 대상에 대한 존재가 영속적이라는 개념을 획득하기 때문이다. 대상항상성과는 다르다.

도 긍정적인 자기개념(self-concept)을 만들고 신뢰를 쌓아간다. 즉 자기에 대해서도 타인에 대해서도 긍정적인 관점을 형성하여 좋은 상호관계를 만들고 유지한다.

둘째는 자신이 원하는 바와 느끼는 감정을 잘 표현하고 소통할 수 있는 능력이다. 이러한 능력이 가능하기 위해서는 애착대상과의 신뢰 형성이 우선되어 자유롭게 소통할 수 있는 환경이 제공되어야 한다. 아직 말을 할 수 없는 아기가 울거나 웃는 행동들은 애착대상과 소통을 시도하는 신호들이다. 이 때 애착대상인 주 양육자가 적극적이고 민감하게 아기의 신호에 반응하면 아기는 자신의 의도와 감정을 자유롭게 표현하고 소통하는 능력을 발달시킬 뿐만 아니라 동시에 주 양육자의 돌봄과 공감으로 감정을 조절하는 능력도 획득하게 된다.

명확한 소통은 각각의 감정이나 의도를 표현하는 자세, 얼굴표정, 행동표현 등을 타인이 보고 이해할 수 있도록 각각의 표현이 다르고 분명해야 한다. 또한 타인의 의도와 감정을 이해할 수 있는 소통능력도 필요하다. 이러한 행동들은 애착형성 과정에서 습득하는 정서조절능력이 핵심적으로 작용한다. 안정된 정서상태가 자신과 타인을 분명하게 볼 수 있는 시각을 제공하기 때문이다. 민감한 돌봄을 제공하는 주 양육자와의 상호관계는 이렇듯 아동이 자신의 감정과 생각을 분명하게 표현하고 타인과 명확한 소통을 이루도록 돕는다.

셋째는 문제해결 능력이다. 문제해결능력은 생후 2년이 채 지나기 전에 발달하기 시작하여 어른이 되기까지 발전한다. 원치 않는 상황을 바꾸기 위해 아기가 보이는 다양한 반응들로 시작하여, 성장하면서 언어와 도구를 사용하기도 하고, 어른이 되면서 문제해결을 위해 고도의 전략을 사용하기도 한다. 문제해결능력은 안전기지와 안전한 도피처를 제공하는 애착대상과의 끊임없는 상호작용을 통해 발달한다. 주변의 탐험에 대한 애착대상의 지지와 상호 간의 협상과정 등을 경험하면서 아이들은 보다 주도적으로 문제를 해결하는 능력을 발달시킨다. 에릭슨이 생후 초기관계에서 신뢰를 형성한 아기들이 건강한 자율성의 발달과 함께 생후 4~6세에 이르러 주도성을 발달시킨다는 설명은 문제해결능력의 발달과도 매우 밀접한 관계가 있다.

넷째는 합리적이고 객관적으로 생각하는 능력이다. 생각하는 능력은 말을 배우기 시작하는 시기부터 두드러지게 나타나지만 발달과정은 아동마다 다르다. 안정 유형처럼 안정감이 있을 경우 생각의 범위뿐만 아니라 생각을 표현하는 능력도 넓어지지만, 불안정 유형처럼 안정감보다 불안이나 긴장감이 작용할 경우 흑백논리로 생각하는 경향이 강해지고 표현 능력도 떨어진다(Yoo, 2011). 안정 유형의 경우 감정을 조절하는 능력과 함께 사고능력이 발달하기 때문에 감정에 치우치거나 주관적인 생각보다는 합리적이고 객관적인 사고가 가능하다. 성인애착인터뷰에서 안정애착 유형이 어린 시절의 기억이 뚜렷하고 그 내용을 객관적이고 일관적으로 진술 할 수 있는 이유이다(George, Kaplan, & Main, 1984, 1988, 1996).

그린스펀 박사가 소개하는 이상의 특징들은 아동에만 국한되지 않는다. 안정 유형의 성인들에게도 동일하게 나타나는 특징들이기 때문이다. 예컨대 바돌로뮤와 호로비쯔(Bartholomew, & Horowitz, 1991)의 성인애착에 관한 연구에서는 안정형의 사람들이 다른 유형의 사람들보다 대인관계에서 정서적 온화함을 더 느꼈으며, 타인에게 다가가거나 타인을 돌보는 행동이 우수했고, 감정표현과 조절에서 균형을 보였다.

로크(Locke, 2008)의 연구에서도 안정형의 성인들이 다른 유형의 사람들보다 매일의 삶에서 회피적인 대인관계보다는 보다 주도적인 대인관계를 보였으며, 스텝과 그녀의 동료들(Stepp et al., 2008)은 대인관계 문제와 애착유형에 관한 연구에서 안정애착 유형의 성인들이 불안정 유형의 사람들보다 대인관계 문제가 적다는 사실을 증명했다.

또한 문제해결능력에 관한 연구(Arslan, Arslan, & Ari, 2012)에서는 안정형의 성인들이 다른 유형들보다 뛰어난 문제해결능력을 가지고 있었다. 특히 안정애착 유형의 경우 당면한 문제에 대하여 긍정적으로 접근하였으며 자신감이 강하였고 책임을 지는 태도를 보인 반면에, 불안정 몰두 유형과 불안정 미해결(두려움) 유형의 성인들의 경우 정반대의 결과를 보였다.

안정유형의 합리적이고 객관적으로 생각하는 능력은 메타인지와 성찰적 기능을 측정한 연구에서 쉽게 찾아볼 수 있다. 두 정신기능은 타인의 의도, 생각, 감정 등을 이해할 수 있는 능력이라는 점에서 합리적이고 객관적인 사고능력과 관계가 깊다. 디마지오와 라이사커(Dimaggio, & Lysaker, 2015)의 연구에서는 메타인지와 성찰적 기능을 사용하는 안정형의 성인일수록 성격장애나 정신증과 같은 심리질환에 노출될 확률이 낮았으며, 청소년들을 대상으로 한 다른 연구에서는 안정형일수록 메타인지능력과 자기-효능감의 점수가 높았다(Tavakolizadeh, Taban, & Akbari, 2015).

이와 같이 안정유형이 불안정 유형과 차이를 보이는 것은 초기 관계에서 형성된 자기와 애착대상에 대한 긍정적 표상이 내적작동모델을 통해 객관적이고 긍정적인 행동으로 표출되기 때문이다. 안정형의 사람들은 성인이 되어서도 정서조절을 통해 상대방과의 관계에서 자신의 감정이나 의도를 분명하게 표현하고 통제하면서 인간관계를 이끌기 때문에 정서적으로 다른 사람과 가까워지는 것이 어색하지 않으며, 타인에게 도움을 청하여 문제를 해결하거나 타인이 자신에게 의존하거나 도움을 청해도 불편하거나 꺼려지지 않는다. 또한 정서적인 안정감과 메타인지능력과의 조화는 혼자 있어도 불안하지 않으며, 타인과의 관계에서도 타인의 마음을 이해하는 능력이 높아 타인이 자신을 받아들이지 않는 상황에 대해서도 감정적으로 접근하기보다는 객관적으로 이해하는 경향이 높다.

| 회피 · 거부형 |

회피 · 거부형은 애착대상과의 초기 관계에서 애착대상을 요구하는 아기의 신호가 무시되거나 거절되는 환경에 주로 노출되었을 때 형성되는 애착유형으로 주요 형성조건은 다음과 같이 요약될 수 있다.

- 유아의 애착신호에 대한 애착대상의 일관적인 회피 또는 거절.
- 애착대상의 안전기지와 안전한 도피처 역할의 부재.
- 불안정 애착 유형(특히 회피형)의 애착 대상.
- 유아보다 엄마의 필요 또는 욕구의 충족이 우선되는 양육행동의 반복.
- 선천적 기질의 영향 등.

갓 태어난 아기에게 애착대상인 엄마가 회피 또는 거절 반응을 보인다는 것은 아기의 입장에서는 위협적이다. 태내에서는 탯줄에 의지하여 엄마로부터 모든 필요를 공급받을 수 있었지만 출생 이후 아기는 애착행위를 통해 애착대상의 돌봄을 이끌어내지 못하면 생명의 위협을 받기 때문이다. 회피 애착의 경우 애착대상이 되는 엄마는 존재하지만 아기의 애착신호에 엄마가 회피 또는 거절 반응을 보여서 형성되는 유형이기 때문에 자신을 돌봐줄 애착대상이 마치 없는 것처럼 느껴지기 쉽다. 그리고 회피나 거절로 아기에게 필요한 돌봄이 제공되지 못하거나 지연될 경우 돌봄이 충족될 때까지 내면적 기저에는 불안이 자리 잡게 된다.

이러한 관계패턴이 반복될 경우 아기는 성장 과정에서 이차적 애착전략을 사용하면서 주변 환경에 적응하는데 특히 자신에게 일어나는 불안과 부정적인 감정들을 과잉 조절하고 억압하는 전략을 사용한다. 다시 말해서 회피·거부형은 애착형성 기간 동안 부정적 감정 해소와 안정감 확보를 위해 반드시 필요한 안전기지와 안전한 도피처가 부재하기 때문에 결과적으로 성장하면서 스스로 안전기지와 안전한 도피처의 역할을 취하면서 불안한 상황을 적응한다. 이렇듯 자신의 불안을 조절하고 상황을 통제하기 위해 스스로 감정을 과잉 조절하여 불안을 해소하려는 전략이 바로 회피·거부형이 취하는 애착전략이다.

하지만 감정을 과잉 조절하여 불안을 해소하려는 회피·거부형의 전략이 심리적 안정감을 제공해 줄 수 있는가? 그렇지 않다. 오히려 불안상태를 측정하는데 사용되는 혈중 코르티솔 농도는 다른 유형들보다 회피·거부형이 훨씬 높다. 결국 외면적으로는 독립적이고 안정감 있어 보일지 모르지만 내면적으로는 불안한 상태가 억압되어 있으며 지속되고 있다는 것을 알 수 있다. 그래서 자기만족과 내면적 공허함이 공존하는 현상을 보인다.

회피·거부형의 주된 패턴은 자기에 대해서는 긍정적이고 관대한 반면에 타인에 대해서는 부정적이고 완벽을 요구하는 경향이 강한 특징으로 나타난다. 회피·거부형의 사람들에게는 자신의 이미지가 스스로 문제를 해결하는 독립적인 태도와 타인들의 도움에 의존하지 않는 모습으로 나타나고 유지되는 것이 중요하다. 예컨대 자동차를 운전하며 처음 가는 낯선 곳에서 목적지를 찾기 어려운 경우 회피·거부형의 사람들은 타인에게 도움을 청하고 문제를 해결하는 것을 꺼려한다. 다른 사람에게 다가가는 것도 어렵지만 혼자서 문제를 해결하려는 독립적 특징이 강하게 나타나기 때문이다. 동승하고 있는 사람들에게는 답답하고 타인의 말을 듣지 않는 고집이 센 모습으로 느껴지겠지만 회피·거부형의 사람들의 경우 자신이 처리해야만 한다는 당위성 때문에 타인의 도움을 받는 다는 것은 자신의 가치와 자리를 타인에게 박탈당하였다는 느낌을 갖게 할 수 있다.

결국 회피·거부형의 주된 패턴이 유지되지 않고 스트레스 상황에 직면하여 자신의 독립적 태도가 위협을 받게 되면 혼란을 겪게되어 평소 느끼던 자기만족이 파괴된다. 그리고 자신이 처리하지 못한 당위성의 실패로 말미암아 '자기경멸', '불쾌감', '위기감'과 같은 자기불만 또는 자기처벌과 관련된 감정에 취약하게 된다(Higgins, 1987; Yoo, 2011).

또한 회피·거부형에서 나타나는 대표적인 성격적 양상은 한편으로는 집착적이고 강박적이면서 다른 한 편으로는 자기애적이면서 분열적인 특징이 스펙트럼을 이루면서 내포되어 있다는 점이다(Wallin, 2007). 애착대상과의 안정적 애착경험이 부재하기 때문에 타인과의 친밀한 관계보다는 자신과의 관계 속에서 자기의존을 통해 자신의 세계를 만들고 그 안에서 불안을 해소하기 위해 집착과 강박적 에너지를 사용하며 자기에게 집중한다. 이러한 강박적 자기의존을 통한 성취경험은 타인의 도움이나 지지 또는 타인과의 감정적인 교류 없이 이루어지기 때문에 자신의 가치에 대한 과장된 평가와 함께 자기만족을 경험하게 되어 타인에 대한 방어적인 태도가 강화된다.

이와 같이 회피·거부형은 자기만족과 자기애 성향이 강하여 자신의 세계에 동의하는 사람들과는 대화가 통하지만 다른 한 편으로 자신의 세계를 반대하거나 충고하거나 비평하는 사람들의 의견은 듣지 않고 관계를 회피하거나 반항하는 소위 분열적(schizoid)[20] 특징을 강하게 보이기도 한다. 또한 오로지 자신을 향해서만 제한적으로 감정을 느낄 줄 아는 자기애적 성향이 강하며 타인의 감정을 이해하고 공감하는 심리-내적인 이해 능력은 결여되어 있다. 특히 부정적 감정을 피하기 위해 방어적이며 융통성이 없고 자기 우선적인 태도를 중심으로 한 다양하고 미묘한 회피형태의 행동반응을 인간관계에서 나타낸다.

- 상대방을 신뢰하지 못하는 행동.
- 상대방의 친근한 접근에 대해 회피하는 행동.
- 타인으로부터 떨어져 혼자 있으려는 행동.
- 타인의 친근한 제안을 무시하거나 오해함.
- 피상적인 인간관계.
- 좌뇌 중심의 소통체계.
- 방어적 태도로 인해 쌀쌀맞게 보이는 차가운 행동.

회피·거부형의 의사소통 특징은 ①단답형이거나 간결한 대화패턴, ②과거 경험에 대한 진술이 피상적이거나 잘 기억하지 못하는 기억력부족, ③대

---

20) 자기에게는 잘못되거나 틀린 것이 없다고 느끼는 성격적 특성으로 자기 세계에 갇혀 사회적 관계에 대한 무관심이 강하다.

화의 내용이 명료하지 못하고 추상적인 대화맥락의 응집력 부족으로 요약될 수 있다. 이러한 의사소통 특징들은 성인애착인터뷰 현장에서 자주 드러난다. 회피 · 거부형 의사소통의 세 가지 주된 특징은 서로 다른 특징들처럼 보이지만 세 가지 모두 불안을 처리하는 방식과 깊은 관계가 있다.

초기 애착형성 과정에서 겪은 거부와 거절의 반복된 경험은 불안을 해소하기 위해 감정을 억압하거나 차단하는 방식을 사용하여 스스로 감정 문제를 해결하는 경험을 강화시킨다. 더욱이 주 양육자의 거부와 거절의 양육은 의사소통을 배울 기회를 제거하여 대화를 통해 상대방의 생각과 의도를 이해하여 받아들이고 나의 생각과 의도와 비교하여 결론을 이끌어내는 통합적이고 쌍방적인 대화패턴을 경험하는 대신에 자기의 생각과 의도와 감정에 사로잡혀 생각과 아이디어는 많지만 타인의 의견이나 의도를 통합하지 못하는 일방적인 소통패턴으로 상대방과 갈등을 일으키는 경우가 많다. 또한 자기집중적인 의사소통은 상대방과의 대화 상황에 맞지 않는 자기주장으로 이어지는 경우도 많다. 결국 자신의 관심사와 관련된 생각이나 의도에 대해서는 자기집중적인 대화패턴을 보이지만 상대방과 의견과 조율하거나 여러 사람들과의 관계 속에 진행되는 공개적인 대담과 같은 환경에서의 대화는 간결하고 단답형적인 대화형식을 보이는 경향이 강하다.

아울러 스스로 불안을 처리해야 하는 회피 · 거부형의 내적으로 긴장된 환경은 지나간 과거에 대한 관심보다는 앞으로 다가올 불안을 해소하기 위해 준비해야 할 현재와 미래에 강한 집중을 요구한다. 애착형성 과정에서 겪었던 거부와 거절의 경험이 불안을 억압하고 불확실한 미래를 스스로 준비해야하는 압박과 함께 미래-집중적인 사고와 감정의 차단이라는 전략을 활성화시킨 것이다. 이러한 현재와 미래 집중적인 성향은 앞으로 다가올 미래의 불안과 두려움을 해소하기 위한 계획이나 아이디어는 명료하고 다양해지는 반면에 과거의 사건이나 경험들은 쉽게 망각하는 경향을 만든다. 특히 애착 경험과 관련된 사건의 기억은 억압하려는 욕구가 강하여 잘 기억해내지 못하며 기억하더라도 기억의 내용이 피상적이거나 추상적인 특징이 있다.

결국 회피ㆍ거부형의 이와 같은 행동 특징들은 애착대상이 안전기지나 안전한 도피처의 역할을 제공하지 못하기 때문에 위협을 받는 환경에서 자신이 스스로 안전을 확보해야 하는 경험이 반복되어 만들어진 내적작동모델로부터 나오는 결과들이다.

이러한 행동들은 인간관계에서 일반적으로 나타나는 부적응적 행동패턴일 수도 있지만 극단적일 경우 심리장애와 함께 나타나는 보다 심각한 부적응적 행동으로 표현되기도 한다. 회피ㆍ거부형의 특징들이 영향을 미치는 심리장애의 경우 주로 **외현화 관련 장애**의 경향이 강한 특징을 보인다(Rosenstein, & Horowitz, 1996). 예를 들면 섭식장애, 약물중독, 행동장애와 같은 심리장애들로서 거식증과 애착유형 간의 상관관계를 제시한 한 연구에서는 거식증 환자의 약 37%가 회피ㆍ거부형이었으며 혼란ㆍ미해결형까지 더할 경우 무려 환자의 88%에 달했다(Delvecchio et al., 2014). 이에 더하여 성격장애에 대한 애착이론적 설명을 제시한 연구에서는 회피ㆍ거부형에 취약한 성격장애의 유형들로 편집성 성격장애, 자기애적 성격장애, 반사회적 성격장애, 분열성 성격장애를 제시했다(Levy, 2005; Levy et al., 2015).

| 불안 · 몰두형 |

불안 · 몰두형은 안전기지와 안전한 도피처 역할을 해야 할 애착대상이 일관되지 않은 돌봄을 제공하는 환경이나 지나치게 감정에 노출된 양육환경을 제공할 때 형성되는 애착유형으로 주요 조건은 다음과 같이 요약될 수 있다.

- 유아의 애착신호에 대한 비일관적인 역할.
- 불안정 애착 유형(특히 집착 · 몰두형)의 애착 대상.
- 과도한 감정을 사용하는 주 양육자의 양육과 훈육.
- 선천적 기질의 영향 등.

애착대상인 엄마의 비일관적인 양육은 유아로 하여금 애착대상을 예측할 수 없게 만든다. 애착대상의 기분에 따라 유아에게 사랑을 표현하기도 하고 분노를 쏟아내기도 한다면 유아는 애착대상의 사랑이나 돌봄을 예측하기 어렵다. 또한 부정적인 감정에 반복적으로 노출된 관계는 성장하면서 부정적인 자아상을 내면화시키며 끊임없이 자기를 의심하고 자신을 신뢰하는 것을 어렵게 만든다.

흔히 부정적인 감정은 부정적인 의미가 담긴 가시(可視)적인 표현이 동반된다. 예를 들면 부정적인 표정이나 부정적인 언어를 사용하는 행동들이다. 만약 실수를 할 수 밖에 없는 어린 나이에 이러한 표정과 언어들에 반복적으로 노출되면 자신의 실수에 대해 이해받기보다는 실수를 한 자신에 대한 비난으로 이어지기 때문에 애착대상이 자신에게 보여준 부정적인 표정과 행동을 똑같이 자신에게 적용하여 실수한 자신을 탓하게 된다. 이 과정은 결국 자기에 대한 표상으로 내면화되어 부정적인 자아상을 만들고 실수하는 자신에 대해서는 신뢰하지 못할 대상으로 인식하는 반면에 타인에 대해서는 자신보다 나은 신뢰할만한 대상으로 받아들인다. 특히 실수를 이해하지 못하는 주 양육자의 태도를 경험할 때마다 유아는 '~해야만 돼', '~하면 안 돼'라는 당위성을 요구받는데 이는 자기형성과정에서 주 양육자가 요구하는 당위성에 자기를 일치시켜 타인의 당위성에 자신의 가치가 결정되는 자기구조를 형성한다. 결과적으로 자신의 의견이나 생각은 신뢰할 수 없다고 여기게 되어 자기결정에 의한 판단을 어려워하며 타인의 결정을 의지하는 상황에 강하게 노출된다. 불안·몰두형의 내적작동모델이 타인에 대해서는 긍정적인 모델을 형성하는 반면에 자기에 대해서는 부정적인 모델을 형성하는 이유이다.

이에 더하여 만약 주 양육자가 집착스러운 돌봄과 사랑을 표현하면서 동시에 완벽성과 당위성을 요구한다면 유아는 주 양육자의 양가적인 양육과 태도에 혼란을 느끼면서 인지발달에도 방해를 받는다. 양가적 환경이 안정적인 의사소통에서 이루어지는 논리적이고 통합적인 사고보다는 긴장 가운데 둘 중 하나를 선택해야 하는 이분법적 사고체계를 발달시키고 새로운 생각이나 대안을 떠올리는 생각의 자율성을 방해하여 **인지적 수축현상**을 일으키기 때문이다. 결국 유아는 성장하면서 다양한 생각을 발달시키기보다는 자신의 행동이나 결정에 대해 그것을 해야 할 것인지 말아야 할 것인지 혹은 좋은지 나쁜지에 대한 양가적 생각에 집중하게 되는데 여기서 자신의 생각이나 판단은 신뢰할 수 없다고 여기기 때문에 양단간 결정을 내리는데 어려움을 겪는다.

또한 주 양육자가 집착스러운 돌봄이나 사랑을 표현할 때는 안전기지와 안전한 도피처가 주는 안정감을 느끼고 경험할 수 있지만 주 양육자의 불규칙적인 감정과 요구에 압도될 때는 안전기지와 안전한 도피처가 제거된 상황을 경험하기 때문에 유아는 늘 주 양육자(애착대상)의 감정 상태를 살피면서 안전기지와 안전한 도피처를 확보하기 위해 눈치를 보거나 떼를 쓰면서 부정적인 감정을 증폭하게 된다.

특히 불안 유형의 아이들은 다른 애착유형의 아이들보다 감정이 쉽게 활성화되기 때문에 다양한 감정을 경험하지만 감정세계가 양극화된 특성이 강하다. 그래서 한편으로는 화를 많이 내거나 극도로 삐지는 대상지향적인 감정표현을 쉽게 관찰할 수 있는 반면에 다른 한편으로는 자기에 만족하지 못하고 낙심하거나 수치심을 느끼는 자기지향적인 부정감정에 빠져있는 모습을 찾아 볼 수 있다. 특히 미숙한 행동이지만 애착대상의 기분을 맞추기 위해 최선의 행동을 취했음에도 애착대상의 반응이 만족스럽지 않거나 부정적인 기분으로 반응할 경우 아동은 자기낙심과 관련된 감정들(절망감, 불만족, 무망감 등)이나 수치심과 관련된 감정들(당혹감, 창피함, 기죽은, 무가치한 등)에 노출되는데 이러한 감정들은 자아존중감을 떨어뜨리면서 자신을 부정적으로 보는 시각을 강화시킨다(Higgins, 1987; Yoo, 2011).

결국 불안·집착형의 작동모델은 안전기지와 안전한 도피처가 불안정한 경우이기 때문에 감정을 증폭시키는 전략을 중심으로 애착대상을 확보하려고 한다. 그래서 성인이 되면 감정을 조절하지 못하는 대표적인 성격적 특징인 히스테리적 양상을 보이기도 하면서 다른 한 편으로는 경계선적인 성격적 특징을 보이기도 한다(Wallin, 2007). 좋은 관계를 보이다가도 갑자기 감정에 압도되는 모습이나, 의존적이고 관계 지향적 성향이 강하면서도 동시에 어디에도 도움 받을 곳이 없다고 느끼는 피상적인 인간관계의 모습은 불안·집착형의 내면에서 히스테리적 특징이 강하게 나타나는 대목이다. 반면에 타인의 주의를 끌거나 도움을 얻으려는 목적으로 지나친 감정을 표현하여 상대방을 묶어 두려는 의존적 모습은 경계선적 특징과 일맥상통한다. 불안·집착형의 작동모델로 파생되는 주요 행동 특징들은 다음과 같다.

- 상대방을 의존은 하지만 신뢰하지는 못함.
- 자신에 대한 끊임없는 자책이나 의심.
- 혼자 있는 것 또는 독립하는 것에 대한 두려움.
- 친밀관계에서의 양가감정(밀어내면서도 상대방이 잡아주기를 원함).
- 자극에 민감하고 예민하며 쉽게 감정에 압도당함.
- 우뇌 중심의 소통체계.
- 회피·거부의 경우 미래에 대한 불안을 해소하기 위해 생각이 다양해지고 많아지는 반면에 불안·집착형은 파국적 결과에 대한 연쇄적 생각이 감정과 함께 점점 증폭되는 특징을 보임.

결국 불안·집착 유형의 경우 인간관계에서 감정중심으로 행동하고 소통하는 특징이 강하다. 타인으로부터 안정감을 추구하는 욕구가 강하기 때문에 과도한 친밀감을 요구하기도 하고, 타인이 자신에게 친밀한지 또는 자신을 사랑하는지에 집중하며, 자신은 상대방과 친밀하기를 원하는데 상대방은 자신이 가까워지는 것을 꺼려한다고 느낀다. 그래서 타인이 자신을 평가하는 것에 예민하여 쉽게 감정에 압도되고 긍정적 평가를 위해 타인에게 자신을 맞추려는 성향이 강하다.

불안·집착 유형의 의사소통 특징은 ①감정중심의 대화패턴, ②과거 경험에 집중된 대화, ③대화의 독점적 성향으로 요약될 수 있다. 불안·집착 유형의 대화는 감정이 풍부하지만 조절이 힘들기 때문에 과거의 아픈 경험들에 대한 진술에서는 당시에 느꼈던 감정을 그대로 상기하면서 매우 상세하게 기억하는 특징이 있지만 일관적이지 않고 감정에 압도되어 혼자 몰입하는 모습을 보이기도 한다. 특히 사랑받지 못하고 이해받지 못한 감정으로 가득 차 있기 때문에 내가 얼마나 피해자인지에 대해 상대방의 공감을 얻고자 강조하는 경향이 강하다.

또한 불안·집착 유형의 경우 과거의 경험, 특히 성공보다는 실패 또는 서운한 경험을 통해 현재와 미래를 예측하기 때문에 새로운 도전이나 모험에 관한 주제보다는 안전이나 준비성과 같은 주제에 관심이 많다. 그만큼 불안과 두려움이 마음의 바탕을 이루고 있으며 나 자신은 믿을 수 없고 스스로 돌볼 수 없다고 여기기 때문에 불안과 두려움을 해소할 수 있는 안전이나 준비와 같은 주제에 몰두하게 된다.

자신에 대한 불신은 혼자 있는 것에 대한 불안을 느끼게 만들어 타인과의 모임을 추구하게 한다. 특히 모임 중 대화에서 불안·집착 유형은 대화를 독점하려는 성향을 보인다. 말이 많은 경향이 있으며 주어진 주제로 말을 시작하지만 감정에 연루된 다른 주제로 이탈할 가능성이 높다.

결국 불안·집착형의 이와 같은 행동 특징들은 안전기지나 안전한 도피처의 역할을 제공하는 애착대상이 사랑과 불안이라는 상반된 양가감정을 경험하도록 불규칙적으로 양육하면서 만들어진 내적작동모델로부터 나오는 결과들이다.

회피·거부형과 마찬가지로 불안·집착형의 이러한 행동들은 인간관계에서 일반적으로 나타나는 부적응적 행동패턴일수도 있지만 심리장애를 동반한 보다 심각한 부적응적 행동으로 표현될 수도 있다. 불안 · 집착형의 특징들이 영향을 미치는 심리장애의 경우 주로 **내현화 관련 장애**의 경향이 강한 특징을 보인다. 예를 들면 다양한 연구에서 우울증, 불안장애, 강박장애 등과 같은 기분장애들이 불안 · 집착 유형과 관계가 깊다는 것을 설명한다 (Marganska, Gallagher, & Miranda, 2013; Rosenstein, & Horowitz, 1996; Fonagy et al., 1996). 성인애착과 우울증 및 불안장애의 관계를 조사한 연구에서는 두 장애 모두 회피 · 거부 유형보다 불안 · 집착 유형에서 보다 높은 상관관계를 보였다(Marganska, Gallagher, & Miranda, 2013). 성격장애에 관하여는 연극성 성격장애, 의존성 성격장애, 경계선적 성격장애 등이 불안 · 집착 유형과 관련이 깊은 것으로 제시되었다(Levy, 2005; Levy et al., 2015).

| 혼란 · 미해결형 |

혼란 · 미해결형은 애착대상과의 초기 관계에서 애착대상이 안정감을 제공하는 대상으로 기능하기 보다는 오히려 학대 및 폭력 등의 양육을 제공하는 공포의 대상으로 작용하여 절대적 돌봄이 필요한 유아가 애착대상에게 다가가지도 물러서지도 못하는 혼란한 상황에 반복적으로 노출되었거나 애착형성기간이 지났더라도 과거 트라우마의 경험으로 정신적 충격을 받아 심리적인 부적응 상태가 유지되면서 형성되는 애착유형이다. 혼란 · 미해결형의 주요 형성조건은 다음과 같이 요약될 수 있다.

- 학대적인 양육.
- 트라우마의 경험(양육 자체가 trauma일 수 있고, 특정 사건이 Trauma일 수 있다 - Wallin, 2007).
  ※ trauma: 충격적이지는 않으나 반복적인 학대경험으로 누적되는 트라우마.
  ※ Trauma: 충격적인 큰 사건으로 경험되는 트라우마.
- 혹독한 환경.
- 불안정 애착 유형(특히 미해결형)의 애착 대상.
- 안전기지와 안전한 도피처의 부재.
- 선천적 기질의 영향 등.

혼란 · 미해결형은 자기에 대해서도, 타인에 대해서도 부정적인 관점을 가진다. 초기 애착관계에서 애착대상으로부터 학대를 받으며 자랄 경우 충격적인 사건으로 경험하는 트라우마는 아닐지라도 누적된 위협과 두려움 때문에 트라우마로서 작용할 수 있다. 이와 같은 경우 애착대상에 대한 이미지도 '다가갈 수 없는 두려운 존재'로 내면화되지만 자기 자신에 대한 이미지도 '사랑받지 못하는 부정적인 존재'로 인식된다.

혼란 · 미해결형의 경우 스트레스 상황에서 마음의 안정을 찾도록 도와줄 안전한 도피처가 되어야 할 애착대상이 오히려 감정 폭발이나 학대로 반응하여 두려움과 위협의 대상으로 경험되기 때문에 자기-보호를 위한 원시적 형태의 방어본능이 활성화된 내적작동모델이 만들어진다.

특히 감정폭발이나 학대의 과정에서 느끼는 애착대상의 화난 표정이나 분노를 표출할 때의 목소리와 태도, 이빨모양 등은 동물의 위협적 표정에서 나타나는 공포와 두려움의 경험처럼 유아가 어릴수록 위협으로 경험되어 두려움에 반응하는 원시적인 방어기재를 발달시킨다. 또한 양육현장에서

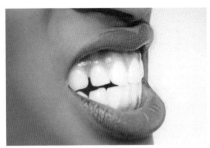

지속적이고 반복적으로 위협을 경험할 경우 '관계적으로 누적된 트라우마'로 작용한다(Schore, 2002; Wallin, 2007).

혼란·미해결형의 이러한 방어적이고 두려움에 취약한 심리적 특성은 내면적으로는 타인으로부터 수용되고 인정받기를 원하지만 두려움과 거절당하는 것을 두려워하여 겉으로는 사회적 관계를 회피한다. 설사 두려움을 이기고 사회적 관계를 맺는다고 하더라도 친밀한 관계를 형성하기란 매우 어렵다. 내면적으로 느끼는 스트레스 수준이 매우 높기 때문이다.

사실 불안과 두려움은 혼란·미해결형의 사람들뿐만 아니라 불안·집착형의 사람들에게도 취약한 감정이지만 두 유형이 그 감정들을 다루는 방식에는 차이가 있다. 불안·집착형의 경우 불안과 두려움을 해결하기 위해 친밀관계에 집착하면서 혼자 있기 보다는 적극적으로 관계를 추구하는 방식을 선택하지만, 혼란·미해결형의 사람들은 가까운 관계라 할지라도 적절한 거리를 두고 유지하면서 불안과 두려움을 다루기 때문에 친밀한 유대관계를 형성하는 것은 매우 어렵다.

애착대상으로부터 '관계적으로 누적된' 트라우마와는 달리 '충격적 사건'으로부터 오는 트라우마의 경험은 성인애착의 미해결형으로 이어지지만 마치 독립된 애착유형 영역처럼 나타나는 특징이 있다(Bromberg, 1998; Wallin, 2007). 즉 회피·거부형뿐만 아니라 불안·몰두형에서도 미해결형의 특징들이 나타날 수 있고 심지어 안정형에서도 나타날 수 있다. 충격적인 사건으로부터 오는 트라우마의 경험은 누구에게나 일어날 수 있고 그것이 해결되지 못한 채 지속될 경우 개인의 심리체계에 심각한 영향을 줄 수 있기 때문이다. 그러므로 미해결형의 경우 과거 트라우마를 해결하지 못하고 충격으로 내재되어 심리 행동적으로 단순한 영향을 미칠 수도 있지만 각종 심리장애에 취약하기 때문에 다양한 증세로 발현되어 유지되기도 한다.

성장하면서 양육환경 가운데 애착대상과의 관계에서 경험한 트라우마이든, 충격적 사건을 통해 경험한 트라우마이든 혼란·미해결형의 경우 트라우마의 충격 상태가 심리적으로 유지되어 인지과정, 감정 및 행동체계에 영향을 주기 때문에 현실에서의 자극정보를 올바로 통합하지 못하고 분열된 행동과 태도를 보이는 경향이 강하다. 다시 말해서 현실에서의 자극이 트라우마의 기억된 자극들과 통합되어 트라우마 중심의 왜곡된 해석과 주관적인 이해를 통해 다양한 비현실적 행동과 태도를 취하게 만든다. 이로 인해 파생되는 미해결형의 주요 특징들은 다음과 같이 요약될 수 있다.

- 관계가 깊어질수록 신뢰할 수 없는 행동.
- 안정된 상황이 도리어 불편하고 불안함.
- 주관적인 이해가 강하여 오해가 많음.
- 대화 중 트라우마와 연결되면 긴 침묵, 목소리 톤의 변화, 시제 불일치, 의식 상태의 분명한 변화(다른 사람처럼 보임) 등의 미해결형의 독특한 특징들이 나타남.

- 이분화된 세계관: 흑백논리, 이분법적 사고, 인지적 수축, 양극단의 감정.
- 비현실적이고 불안정하며 구획적인(compartmentalized) 자기경험과 타인 경험.
- 불안정하고 기복이 심하며 신뢰하기 어려운 인간관계.

혼란·미해결형의 의사소통 특징은 ①침묵, ②비정형적이고 비조직적인 표현이라고 요약할 수 있다. 인간관계 자체를 꺼리고 거리를 두기 때문에 혼란·미해결형의 경우 타인과의 의사소통 자체를 두려워한다. 매우 제한된 관계에서 의사소통하지만 일반적으로 자신이 타인에게 말을 거는 것은 물론 타인이 자신에게 다가오는 것도 힘들어한다. 그렇기에 혼란·미해결형 사람들과의 의사소통에는 침묵과 단답형적인 대화가 많다.

회피·거부형과 마찬가지로 애착대상과의 공감 및 의사소통의 기회가 결여되어 있기 때문에 상대방과의 올바른 대화를 통해 상대방의 생각과 의도를 정확히 읽는 소통의 경험이 부족하다. 오히려 트라우마의 방어 작용이 상대방의 생각과 의도를 왜곡시키기도 한다. 더구나 감정을 과잉조절하여 억압하는 회피·거부형과는 달리 혼란·미해결형의 경우 두려움이라는 감정의 영향을 받기 때문에 상황에 맞지 않는 피상적인 찬사가 이어지거나 담화의 내용이 비정형적이고 비조직적인 특징을 보이기도 한다.

이러한 의사소통의 특징들은 혼란·미해결형의 독특한 내적작동모델에 근거한다. 어린 시절 초기관계에서부터 학대를 경험하거나 잘못된 양육을 제공받으며 성장하였을 경우 계속되는 위협 상태를 회피하기 위해 두려움이 동반된 위협의 경험으로부터 탈피하려는 내적작동모델을 형성하는데 이는 다른 내적인 작동모델들, 특히 학대와 돌봄이 함께 공존하는 양육이 제공되는 경우 돌봄의 상태에서 형성된 작동모델들이나 덜 위협적인 상태에서 형성된 작동모델들과 섞이지 않으려고 '분리'시키는 현상을 보인다. 이렇게 양극화된 작동모델들은 '분리'를 최우선 방어체계로 활용하여 세계(현실)와 자기를 통합시키지 못하고 오직 방어적인 목적으로 현실을 바라보는 세계관을 만들게 된다(Wallin, 2007).

이러한 세계관은 혼란·미해결형의 사람들로 하여금 매우 강한 방어적 주관성과 구획적이고 이분법적인 심리구조를 만들어 인간관계를 한편으로는 원하지만 다른 한편으로는 '분리'라는 방어체계로 인해 항상 거리를 두게 하여 정상적인 인간관계 형성에 심각한 어려움을 겪게 한다. 특히 모든 관계를 이분법적으로 나누어 항상 경계적인 태도를 취하기 때문에 혼란·미해결형의 사람들에게 인간관계란 영웅-악당, 가해자-피해자, 믿을만한 자-믿지 못할 자 등과 같은 대결구도 사이에서의 긴장된 상호작용으로 나타난다. 결국 쉽게 상대방을 믿을 수 없는 내적인 방어가 작용하여 대화 가운데에서도 상대방의 대화 의도나 내용을 통합시키지 못하고 피상적이거나 비정형적인 특징을 보인다(Wallin, 2007).

심리장애와 관련하여 혼란·미해결형은 주로 분열성 또는 해리성 관련장애의 경향이 강한 특징을 보인다. 우울증, 불안장애, 섭식장애, 중독 등 대부분의 심리장애에 취약하며 성격장애로는 분열형 성격장애, 편집적 성격장애, 회피적 성격장애, 경계선적 성격장애, 강박적 성격장애, 자기애적 성격장애 등과 관련이 깊다(Delvecchio et al., 2014; Marganska, Gallagher, & Miranda, 2013; Levy, 2005; Levy et al., 2015).

애착이론 **BASIC**

CHAPTER 6
애착의 측정
: 도구, 절차 그리고 해석

CHAPTER 6

애착의 측정
: 도구, 절차
그리고 해석

| '낯선 상황' 실험 (The Strange Situation Test) |

제2장에서 소개한 바와 같이 '낯선 상황' 실험은 메리 에인즈워스가 영아와 애착대상 간의 초기 애착관계에서 나타나는 애착행동을 유형화하는데 사용된 실험이다. 특히 언어기 이전의 생후 12~18개월의 영아기 아동의 애착유형을 측정하는데 적합한 도구이다. '낯선 상황' 실험은 아기로 하여금 다양한 스트레스 상황을 점진적으로 강하게 경험하도록 고안되어 있다. 특히 애착대상과 영아와의 관계에서 나타나는 영아의 애착행동과 애착대상과의 재회 장면에서 나타나는 특징들을 측정한다.

만약 연속 실험을 기획한 연구라면 적어도 6개월의 기간을 두고 실험하는 것이 바람직하다. '낯선 상황' 실험의 애착유형의 일치율에 대한 연구의 경우 2주를 간격으로 실시한 에인즈워스 의 측정에서는 57%의 유형 일치율을 보였지만, 워터스(Waters, 1978)에 의해 6개월 간격으로 실험하였을 때는 96%의 일치율을 보였다. 서로 다른 평가자들의 유형 판정이 일치하는 정도를 나타내는 신뢰도에서는 86%~100%의 높은 일치도를 나타냈다 (Ainsworth et al., 1978; Friedman, & Boyle, 2008).

▶▶▶ 절차

'낯선 상황' 실험은 8단계로 구조화된 절차를 따라 영아들이 서로 다른 상황을 경험하도록 구성되어 있다(표6-1. 참조). 분석과 해석을 위해 그 안에서 일어나는 전체 과정은 비디오로 녹화되어야 한다. 단순한 관찰만으로 해석과 점수를 부여하는 것은 거의 불가능하기 때문이다.

각 단계는 약 3분 정도 지속되며 총 22분 정도 소요되지만 상황에 맞게 조정될 수 있다. 예를 들어 만약 분리 상황에서 영아가 쉬지 않고(보통 1분 이상) 계속 우는 경우 3분까지 기다릴 필요 없이 다음 단계로 옮길 수 있으며, 재결합 상황에서 영아의 혼란상태가 진정되지 않는 경우 3분 이상 연장할 수도 있다. 그리고 마지막 8단계에서 3분의 시간이 끝나더라도 영아를 관찰하여 결과적으로 어떻게 회복되는지 기록하는 것이 유용하다. 하지만 최종 3분 이후의 행동에 대해서는 평가에 포함시키지 않아야 한다.

비디오 녹화에 대해서는 실험 장면의 전체가 녹화될 수 있도록 해야 한다. 만약 얼굴표정이나 장난감에 대한 손놀림 등에 초점을 맞추어 근접촬영을 하면 분석에 필수적인 영아의 자세나 팔 다리의 움직임(밀거나, 발로 차거나, 엄마와 멀어지는 자세 등)을 놓칠 수 있기 때문에 주의해야 한다.

▶▶▶ 채점 및 해석

각 애착유형에 대한 특징들이 다양한 연구와 거듭된 실험을 통해 자세하게 알려져 보고되어 왔지만 정확한 분류를 위해 보다 명시적이고 일관적인

단계	참석자	시간	상황	실험자 관찰사항
1	엄마, 영아, 실험자	30초	실험자는 실험절차와 내용을 사전에 설명하고 엄마와 영아를 놀이방으로 인도한 후 떠난다.	
2	엄마, 영아	3분	영아가 장난감을 가지고 노는 동안 엄마는 앉아 있는다.	근접성 추구 및 안전기지 역할이 작용하는가?
3	엄마, 영아, 낯선 사람	3분	낯선 사람이 들어와서 앉은 다음 엄마와 대화한다.	영아의 낯선 사람에 대한 불안 반응은?
4	영아, 낯선 사람	3분 이내	엄마가 놀이방을 나간다. 낯선 사람이 영아와 반응해 주고 영아의 기분이 혼란상태가 되면 달래준다.	영아의 낯선 사람에 대한 반응은? 엄마와의 분리불안은?
5	엄마, 영아	3분 이상	엄마가 돌아와서 영아를 맞이하여 달래준다. 낯선 사람은 놀이방을 나간다.	엄마와 재결합 했을 경우 반응은?
6	영아	3분 이내	엄마가 놀이방을 나간다.	분리불안은?
7	영아, 낯선 사람	3분 이내	낯선 사람이 놀이방을 들어오고 달래준다.	낯선 사람이 달래 줄 때 진정되는 반응은?
8	엄마, 영아	3분 이상	엄마가 돌아와서 영아를 맞이하여 달래준다. 장난감에 영아가 관심을 가지도록 시도해 본다.	엄마와 재결합 했을 경우 반응은?

** 주의사항
1. 분리 상황에서 영아가 지나친 혼란 상태를 보이면 시간을 채우지 않고 엄마를 들여보낸다.
2. 만약 엄마와 재결합했을 때 영아가 진정되는 시간이 주어진 시간보다 더 필요할 경우 시간을 연장한다.
3. 엄마는 주 양육자 또는 애착대상을 가리킴.

표6-1. 낯선 상황 실험절차

채점과 해석의 필요성이 제기되었다. 이에 워터스(Waters, 2002)는 애착 분류를 위한 다음의 특징적인 네 가지의 행동에 7~1점의 점수를 부여하는 방식을 제공했다.

- 근접추구행동(proximity seeking).
- 접촉유지행동(contact maintaining).
- 근접추구와 접촉의 회피행동(avoidance of proximity and contact).
- 접촉과 안정에 대한 저항행동(resistance to contact and comforting).

특히 그는 '낯선 상황' 실험의 전체 과정에서 엄마와의 재결합 상황이 애착의 상호작용을 분석하는데 핵심 단서를 제공한다고 보았기 때문에 5단계와 8단계 장면을 중심으로 분류에 대한 해석이 이루어져야 한다고 설명했다. 각 점수에 대한 분석지침은 다음과 같다.

• 근접추구행동 분석에 대한 점수와 지침

7점	엄마와의 신체적 접촉을 이루기 위한 매우 적극적인 노력과 시도가 보인다.
6점	엄마와의 신체적 접촉을 이루기 위한 적극적인 노력과 시도가 보인다.
5점	엄마와의 신체적 접촉을 이루기 위한 약간의 적극적인 노력이 보인다.
4점	신체적 접촉을 위한 분명한 의도는 보이지만 노력이나 시도가 별로 보이지 않는다. 또는 근접추구를 위해 적극적이지만 접촉을 위한 의지는 없다.
3점	신체적 접촉을 위한 노력이 약하다. 또는 근접추구를 위한 어느 정도의 노력이 있다.
2점	신체적 접촉이나 근접추구를 위한 최소한의 노력을 보인다.
1점	신체적 접촉이나 근접추구를 위한 노력이 없다.

• 접촉 유지에 대한 점수와 지침

7점	엄마와의 신체적 접촉을 유지하기 위한 매우 적극적이고 지속적인 노력이 있다.
6점	엄마와의 신체적 접촉을 유지하기 위한 적극적이고 꽤 지속적인 노력이 있다.
5점	엄마와의 신체적 접촉을 유지하기 위한 다소 적극적인 노력이 있다.
4점	신체적 접촉을 유지하려는 분명한 의도는 보이지만 그렇게 하려는 적극적인 노력은 비교적 약하다.
3점	신체적 접촉을 유지하려는 어느 정도 의도는 보이지만 그렇게 하려는 적극적인 노력은 비교적 약하다.
2점	신체적 접촉은 있지만 그것을 유지하려는 노력이나 의도는 분명히 약하다.
1점	신체적 접촉도 그것을 유지하려는 노력도 없다.

• 근접추구와 접촉의 회피행동

7점	매우 현저하고 지속적인 회피행동이 보인다.
6점	현저하고 지속적인 회피행동이 보인다.
5점	분명한 회피행동이 보이지만 덜 지속적이다.
4점	짧지만 분명한 회피행동이 보인다. 또는 드러나지 않는 회피행동이 지속적으로 나타난다.
3점	약간의 고립된 회피행동이 보인다.
2점	매우 적은 회피행동이 보인다.
1점	회피행동이 보이지 않는다.

• 접촉과 안정에 대한 저항행동

7점	매우 강렬하고 지속적인 저항행동이 보인다.
6점	강렬하거나 또는 지속적인 저항행동이 보인다.
5점	약간의 저항을 보이는데 강렬함은 덜하다. 또는 강렬하지만 보다 고립된 상태로 6점 상태보다 덜 지속적인 행동을 보인다.
4점	고립되어 있지만 분명한 저항 행동이 분노 기분이 배제된 상태로 나타난다.
3점	약간의 저항행동이 보인다.
2점	매우 약간의 저항행동이 보인다.
1점	저항이 보이지 않는다.

'낯선 상황' 실험의 전체적인 해석에서는 아동이 보이는 행동의 세밀한 부분과 함께 전체적인 행동의 조화를 이해하는 것이 좋다. 또한 유형의 잘못된 분류를 막기 위해서는 하나의 행동 또는 행동의 한 부분만 가지고 유형을 판단하는 것은 삼가야 한다. 일반적으로 안정형(B형)이 가장 큰 그룹이며, 회피형(A형)과 저항형(C형)이 10~15%를 차지하고, 혼란형은 5% 미만이므로 유형을 구분할 때 참고할 수 있다. 주의할 점은 회피형이나 저항형을 실수로 안정형으로 포함시킬 경우 전체 실험에 크게 영향을 미치지 않을 수 있지만, 안정형을 실수로 회피 또는 저항형으로 오판할 경우 실험 진행자와 참여자 사이에서 자칫 문제가 될 수 있기 때문에 분류에 신중해야 한다(Waters, 2002). 각 유형에 따른 행동적 특징은 표6-2와 같다. 낯선 상황 실험의 채점 이후 평균 및 표준편차는 부록 1에서 참고하여 비교할 수 있다.

애착유형		낯선 상황 행동
A	A0	• B 또는 C보다 낮은 근접성 추구 및 엄마와의 접촉 유지(엄마와 재결합 시). • 약간의 근접성 회피 행동들이 함께 나타남. • 마음의 혼란과 고통을 무시하기 위해 일관적이고 분명한 방식으로 자신의 행동, 관심(집중), 감정을 통합시킴. • 애착대상에 대한 관심을 멀리 함(예: 장난감에 집중).
	A1	• 가장 낮은 근접성 추구 및 B 또는 C보다 낮은 엄마와의 접촉 유지(엄마와 재결합 시). • 가장 강한 근접성 회피 행동들.
	A2	• 재결합 시 약간 또는 중간정도 낮은 근접성 추구. • 현저하게 보이는 근접성 회피 행동들.
B	B0	• A와 비교할 때 강한 근접성 추구 및 엄마와의 접촉 유지(엄마와 재결합 시). • C와 비교할 때 접촉에 대한 낮은 저항. • 마음의 혼란과 고통을 엄마와 소통하고 진정시키기 위해 일관적이고 분명한 방식으로 자신의 행동, 관심(집중), 감정을 조절하여 표현함. • 진정 후 침착하게 놀이 상황으로 돌아감.
	B1	• 약한 근접성 추구 및 엄마와의 접촉 유지. • A1보다 약한 근접성 회피 행동들. • 거리를 두고 엄마와 강한 의사소통과 감정적인 나눔. • A와 B 영아 사이의 중간정도로 구별 됨.
	B2	• 첫 번째 재결합 시 약간 또는 중간정도 낮은 근접성 추구와 현저하게 보이는 근접성 회피행동. • 그러나 두 번째 재결합 시 강한 근접성 추구와 엄마와의 접촉 유지.
	B3	• 강한 근접성 추구와 엄마와의 접촉 유지(엄마와 재결합 시) – 엄마에게 매달림. • 접촉에 대한 저항이나 근접성 회피 행동은 보이지 않음.
	B4	• 엄마와 분리되기 전에 약간의 근접성 추구와 접촉을 유지하려 함. • 강한 근접성 추구와 엄마와의 접촉 유지(엄마와 재결합 시). • 약간의 접촉에 대한 저항.

애착유형		낯선 상황 행동
C	C0	• 현저하게 보이는 접촉에 대한 저항 행동. • 마음의 혼란과 고통을 엄마와 강하게 소통하기 위해 일관적이고 분명한 방식으로 자신의 행동, 관심(집중), 감정을 통합시킴.
	C1	• 엄마와의 재결합 시 강한 근접성 추구 및 접촉 유지. • 강한 접촉 저항 행동으로 접촉 유지를 중단시킴(아이가 혼란과 고통을 엄마와 소통하고 싶은 것과 접촉해서 화내고 거절하고 싶은 욕구 사이에서 행동을 바꿀 때).
	C2	• 특히 두 번째 재결합 시 약한 근접성 추구, 하지만 중간~강한 접촉 유지. • 중간 정도의 접촉 저항.

Note. 출처: Ainsworth(1985a), Duschinsky(2015).

표6-2. 낯선 상황 실험에 따른 유형 및 하위 유형의 특징

| 애착 Q-Sort 검사 (The Attachment Q-Set) |

애착 Q-Sort 검사는 생후 12개월~5세에 해당하는 영·유아들에 대한 애착유형 측정을 위한 검사로서 '낯선 상황' 실험과 같은 실험적 세팅이 아니더라도 애착유형을 구분할 수 있는 측정도구로 개발되었다. 특히 집이나 공공장소에서 아동이 안전기지를 활용하는 행동특성을 측정한다. 하지만 '낯선 상황' 실험과 같이 구체적인 네 가지 유형을 제공하지는 못한다. 안정형과 불안정형을 구분할 수 있는 정도이다. 또한 내용 구성에서 3세까지는 전체적으로 타당한 결과를 제시하지만 일부 내용의 경우 5세의 행동특성으로 보기에는 타당하지 못하다는 분석이 있기 때문에 가급적 3세 이하의 영·유아들을 대상으로 실시하는 것이 타당하다(서선옥, & 심미경, 2015).

애착 Q-Sort 검사는 워터스와 딘(Waters, & Deane, 1985)에 의해 개발되었으며 총 90장의 카드로 구성되어 있다. 각 카드에는 영·유아의 애착관련 행동특성들을 묘사하는 문장이 기록되어 있다. 평가자 간의 측정이 일치하는 신뢰도는 약 75~95%였으며 어머니가 아동을 측정했을 때와 전문 관찰자가 측정했을 때의 일치도는 76%였다(Waters, & Deane, 1985).

▶▶▶ 절차

애착 Q-Sort 검사를 측정하기 위해서는 일반적으로 네 단계의 절차를 거친다.

- **검사를 위한 카드 준비하기**
  : 총 90장을 모두 사용할 수도 있고 측정 목적에 따라 일부를 사용할 수도 있다.
- **검사 참여자 설정하기**
  : 평가하고자 하는 영·유아의 엄마가 참여할 수도 있고, 훈련된 관찰자가 참여하여 평가할 수도 있다.
- **점수 부여하기**
  : 일반적으로 참여자는 90장의 카드를 영·유아 행동의 관찰에 따라 10장씩 9세트로 분류하고 1~9점 사이의 점수를 부여한다. 하지만 대안적인 측정 방법으로 리커트식[21] 점수부여 방식을 채택할 수 있다.

---

21) '리커트식 평가: 설문 측정을 위한 방법으로 주어진 문항에 대해 참여자가 자신의 상태 또는 생각과 문항의 내용이 일치하는 정도를 주어진 등급에서 선택하는 방식이다. 예를 들어 '아동은 엄마와 자신의 간식을 잘 나눈다' 라는 문항에 대해 참여자는 '전혀 아니다' 와 '매우 그렇다' 사이의 숫자적 등급을 선택하는 방식이다. 일반적으로 1~5점 또는 1~7점 사이의 등급으로 구성되어 있다.

▶▶▶ 채점 및 해석

만약 카드 분류방식(Q-Sort)을 사용할 경우 참여자는 90장의 카드를 제
공받으면 10장씩 9세트의 카드를 만들면서 진행한다. 자연스러운 상황에서
아동의 행동을 관찰하면서 카드의 내용이 얼마나 아동이 보이는 행동특성
과 일치하는지를 판단하여 1-9점 사이의 점수를 부여하는데 점수 당 10장
의 카드를 분류하여 9세트의 카드를 만들어야 한다. 관찰자의 판단에 따라
아동의 행동이 카드의 내용과 가장 다르다고 생각하는 10장의 카드에는 1점
을 부여하고, 내용이 가장 일치한다고 생각하는 10장의 카드에는 9점을 부
여하여 9세트의 카드에 모두 점수를 부여한다.

애착 Q-Sort 카드의 각 내용은 크게 영·유아의 안정성과 의존성을 중
심으로 기술되어 있으며 워터스(Waters, 1987)는 각 문항의 안정성(secu-
rity)과 의존성(dependency)의 기준 점수를 제시하여 비교할 수 있도록 하
였다. 애착유형의 구분에서는 안정성 점수가 높을수록 아동의 안정애착과
관계가 깊으며 의존성 점수가 높을수록 불안정 애착일 확률이 높다(Colin,
1996; Goldberg, 2000). 하지만 두 점수를 사용하여 불안정 애착을 세분화
하기는 어렵다.

애착 Q-Sort 검사의 카드 내용들은 다양하게 하위 영역들을 구성할 수

있는데 크게 두 가지의 분류를 사용한다. 하나는 피더슨과 모건(Pederson, & Morgan, 1995)이 분류한 다섯 가지의 하위영역으로 총 42개의 카드 내용이 포함되며, 다른 하나는 포사다와 워터스(Posada, & Waters, 1995)가 분류한 4가지의 영역으로 총 47개의 카드 내용이 포함된다. 피더슨와 모건(하위영역 A)의 분류는 다음과 같다.

- 안전기지 행동(secure base behavior: SB) 14문항.
- 정서적인 공유(affective sharing: AS) 3문항.
- 순응(compliance: comp) 6문항.
- 아동의 까다로움(fussy/difficult: F/D) 14문항.
- 엄마와의 신체적 접촉 추구(enjoy physical contact: EPC) 5문항.

포사다와 워터스(하위영역 B)의 분류는 다음과 같다.

- 엄마와의 자연스런 상호작용(smooth interaction with mother: SIM) 17문항.
- 엄마와의 신체적 접촉(physical contact with mother: PCM) 7문항.
- 다른 성인과의 상호작용(interaction with other adult: IOA) 13문항.
- 엄마와의 근접성(proximity to mother: PM) 10문항.

아동의 애착 행동에 대한 해석은 각 영역의 점수를 합산하여 영역별 비교를 통해 할 수 있으며 각각의 카드 내용에 부여한 점수는 안정성과 의존성의 기준 점수와 비교하여 해석할 수 있다. 워터스(Waters, 1987)가 제시한 각각의 카드 내용에 대한 안정성과 의존성의 기준점수와 하위 영역 A와 B에 대한 카드 번호는 부록 2에서 확인 및 비교할 수 있다.

| 새 둥지화 (Bird's Nest Drawing: BND) 투사검사 |

새 둥지화 투사 검사는 카이서(Kaiser, 1996)가 초기 아동기의 애착 측정 도구였던 '가족그림 그리기(Family Drawings)'의 연구에 영향을 받아 개발한 검사로서 미술을 도구로 사용하여 개인의 초기 애착관계에 대한 내적 표상을 측정한다. 특히 애착관계를 통해 나타나는 자기와 타인의 내적인 표상을 확인할 수 있으며 개인의 내적작동모델에 의해 표출되는 다양한 정보를 얻을 수 있다. 예를 들어 애착대상으로부터 어떤 양육을 받았는지, 인간관계적 특징은 어떠한지, 안전이나 보호 등에 대한 개인적 인식은 어떠한지, 현재의 심리적 상태를 주관적으로 어떻게 경험하고 있는지 등을 알 수 있다.

새 둥지화 검사는 그림을 수단으로 측정하기 때문에 참여자가 보다 편안한 마음으로 참여할 수 있어 방어가 적고 빠른 시간에 흥미를 가지고 수행할 수 있는 장점이 있다. 하지만 어떤 사람들은 그림 그리기에 대한 부담을 가지기도 한다(Kaiser, & Deaver, 2009).

새 둥지화 검사는 연령에 제한 없이 검사 지시사항을 이해하고 그림 그리기가 가능하면 누구나 수행할 수 있다. 검사자는 그림을 그리기 위한 도구들을 미리 준비하여 원활한 검사가 이루어지도록 하는 것이 바람직하다. 검사자의 의도에 따라 그림뿐만 아니라 색 점토를 사용하여 보다 생동감 있는 입체적 효과를 제시할 수도 있다. 일반적으로 새 둥지화 검사를 위한 준비물은 다음과 같다.

- 흰색 A4용지
- 연필
- 지우개
- 18색 또는 24색 색연필
- 필요에 따라 색이 있는 점토를 사용하기도 함.

검사 환경이 준비되면 검사자는 참여자에게 "새 둥지를 그리세요"라고 말하면 검사가 시작된다. 참여자가 그림이나 검사에 대해 질문을 할 경우 그림에 대한 어떠한 단서나 조건이 제공되지 않도록 주의해야 하므로 "어떻게 그리시든 자유입니다"라고 응답하는 것이 바람직하다. 시간제한은 없지만 검사자는 시간이 얼마나 걸리는지 파악하는 것이 좋다. 아울러 연구 상황이 아닌 상담이나 치료 상황이라면 내담자가 그림을 그리는 동안 그림 내용의 순서, 참여자의 자세나 그림을 그릴 때의 독특한 특징 등을 관찰하고 메모하는 것이 내담자의 내면세계를 이해하는데 도움이 된다.

▶▶▶ **채점 및 해석**

새 둥지 검사의 채점은 크게 둥지, 새, 사용한 색깔을 중심으로 이루어진다. 일반적으로 카이서(Kaiser, 1996)가 제시한 다음의 14개의 지표를 중심으로 채점한다. 하지만 최근까지 다양한 연구결과들이 제시되어 카이서의 지표 이외의 영역에서도 채점이 가능하다(Francis, Kaiser, & Deaver, 2003; 김갑숙, & 전영숙, 2008).

- 둥지 안에 내용물이 그려져 있는가?
- 둥지의 크기는 어느 정도인가?
- 둥지가 기울어져 있는가?
- 둥지의 바닥은 있는가?
- 둥지는 지지를 받고 있는가?
- 둥지의 위치는 어떠한가?
- 그림은 용지의 공간을 어떻게 차지하고 있는가?
- 그림을 그리는데 색상의 종류와 질은 어떠한가?
- 선의 질과 필압은 어떠한가?
- 둥지에 새가 존재하는가?
- 부모 새가 존재하는가?
- 아기 새가 존재하는가?
- 새의 가족 전체가 그려져 있는가?
- 둥지에 알이 있는가?

카이서의 14개 지표 이외의 채점 기준은 다음과 같다.

- 둥지는 옆에서 본 모습인가 아니면 위에서 본 모습인가?

- 새가 날고 있는가?
- 부모 새의 양육활동이 보이는가?
- 부모 새와의 거리는 어떠한가?
- 나무가 그려져 있는가?

 이상의 지표들에 대하여 참여자 개인이 그림을 통해 제시하는 특징들은 개인의 내면적인 애착 환경과 심리상태를 그대로 나타내기 때문에 다양한 연구에서 애착 유형을 구분하는 단서로 사용한다. 각 지표의 물음들은 '예/아니오' 또는 '있음/없음'으로 채점 기준을 삼을 수 있으며 크기나 공간에 대한 질문은 제시된 A4용지의 '1/3미만', '1/3~1/2', '1/2~2/3', '2/3 이상'으로 세분화하여 채점한다. 색상의 종류와 질에 대한 지표는 '1~3색', '4~6색', '7색 이상' 그리고 '녹색 위주의 질', '갈색 위주의 질'로 나누며, 선의 질은 '약하다', '보통이다'. '강하다'로 구분한다. 부모 새와의 거리의 경우 '부모 새 없음', '떨어져 있음', '한 둥지에 있음'으로 구분한다.

 여러 연구에서 종합적으로 나타나는 각 지표에 대한 애착 분류의 결과는 다음과 같다. 비록 애착유형을 세분화하지 못하고 안정과 불안정의 두 가지 유형으로 나누어 설명하고 있지만 새 둥지 검사는 개인의 현재의 심리상태를 나타내는 많은 정보들을 그림 속에 투사된 단서를 통해 얻을 수 있다는 장점이 있다. 해석 시 주의할 점은 각 지표는 애착 유형 구분의 절대적 지표가 아니기 때문에 개인의 차이와 연구 조건에 따라 달라질 수 있다는 점을 염두에 두어야 한다.

구분	지표	안정애착	불안정애착
둥지	둥지 안에 내용물이 있다	●	
	둥지의 크기가 1/3 미만이다	●	●
	둥지가 기울어져 있다		●
	둥지의 바닥이 없다		●
	둥지는 지지를 받고 있다	●	
	둥지의 위치가 가장자리이다		●
공간, 색상, 선	그림은 용지의 공간을 1/2 이상 차지한다.	●	●
	사용한 색상의 종류가 4색 이상이다	●	
	색상의 질이 주로 녹색이다	●	
	색상의 질이 주로 갈색이다		●
	선의 질, 필압이 보통 이상이다	●	●
새	둥지에 새가 존재한다	●	
	부모 새가 있다	●	
	아기 새가 있다	●	●
	새의 전체 가족이 있다	●	
	새의 전체 가족이 없다		●
	알이 없다		●
	새의 양육활동이 없다		●
나무	나무 그림이 있다	●	●

Note. 출처: Francis et al. (2003), Kaiser (1996), Kaiser & Deaver (2009), Sheller(2007) 등.

표6-3. 새 둥지 투사 검사 지표에 따른 애착분류

| 성인애착인터뷰 (The Adult Attachment Interveiw) |

성인애착인터뷰는 성인기에 나타나는 애착관계에 대한 표상을 반구조적 인터뷰의 형식으로 측정하여 애착유형을 분류하는 검사이다. 에인즈워스의 제자였던 메인은 유아기 아동의 경우 '낯선 상황' 실험으로는 애착 유형의 분류가 어렵기 때문에 애착관계가 내면화된 내적 세계를 표상적인 수준에서 분석하여 애착유형을 분류해야 한다고 생각했다. 이에 조지, 카플란, 그리고 메인(George, Kaplan, & Main, 1984, 1988, 1996)에 의해 성인애착인터뷰가 개발되어 지금까지 사용되고 있으며 청소년기부터 성인기에 이르기까지의 애착분류 연구에 널리 사용되고 있다. 하지만 최근 성인애착인터뷰를 청소년을 대상으로 사용하는 것은 적합하지 않다는 연구가 보고되어 보다 청소년에 적합한 도구 개발의 필요성이 제기되었다(Warmuth, & Cummings, 2015).

한편 성인애착인터뷰의 경우 두 달 또는 세 달 간격으로 인터뷰를 수행하여 같은 유형의 결과가 나타나는 검사-재검사 신뢰도를 측정하였을 때 약 78~90%의 안정성을 보였고 평가자 간의 측정이 일치하는 신뢰도는 95%였다(Sagi et al., 1994).

▶▶▶ 절차

성인애착인터뷰는 총 20개의 질문으로 이루어진 반구조적 인터뷰이며 소요 시간은 약 1시간~1시간 30분이다. 모든 질문들은 애착경험에 대한 기억을 유도하여 개인의 애착 경험에 대한 배경과 표상의 질을 측정하도록 고안되어 있다. 분석과 분류를 위해 전체 인터뷰 과정의 축어록이 필요하기 때문에 녹음 또는 녹화가 요구된다. 인터뷰는 다음과 같은 내용들로 구성되어 있다.

- 어린 시절 각 부모와의 관계를 묘사하는 5개의 형용사 제시와 선택이유, 그리고 각 형용사를 뒷받침하는 사건이나 기억.
- 감정이 상했을 때(분리, 거절, 위협 등)의 경험에 대한 기억.
- 사별 및 중요한 상실의 경험 및 트라우마 사건의 경험에 대한 기억.
- 세대 간의 관계에 대한 견해(성인으로서 부모와의 관계, 자녀에 대한 기대 등).

인터뷰를 진행하기 전에 면접 대상자에게 인터뷰의 목적과 성격을 이야기하는 것이 좋다. 다음과 같은 사전진술이 도움이 된다.

"이제부터 선생님의 어린 시절 경험에 대해 인터뷰를 진행할 것입니다. 그리고 그 경험들이 어떻게 선생님의 성격에 영향을 주었는지, 특히 가족과의 관계가 어떻게 영향을 미쳤는지 여쭈어 볼 것입니다. 주로 어린 시절에 초점을 맞추겠지만 후반부에는 선생님의 청소년기는 어떠했는지 그리고 지금의 가족과는 어떠한지 질문을 드릴 것입니다. 인터뷰는 약 1시간 정도 소요될 것입니다. 감사합니다."

아울러 인터뷰 분석의 특성 상 녹음이나 녹화를 해야 하기 때문에 녹음에 대하여 알려야 하며 면접 대상자에게 동의를 얻어야 한다.

▶▶▶ 채점 및 해석

먼저 성인애착인터뷰를 분석하는 것은 전체 인터뷰의 녹음 내용을 면밀하게 있는 그대로 기록하는 축어록의 작성에서부터 시작한다. 인터뷰에서 대화가 아닌 다른 행위들, 예를 들어 몸짓과 같은 행위들은 채점 대상이 아니다. 성인애착인터뷰에 대한 전체 채점과 분석과정은 다음의 세 단계를 거치면서 진행된다.

- **제 1단계**
  : 어린 시절 각각의 부모와 가진 관계 경험에 대한 측정.
- **제 2단계**
  : 이러한 과거 애착경험에 대하여 면접 대상자가 느끼는 현재의 마음상태에 대한 측정.
- **제 3단계**
  : 1, 2단계를 종합하여 면접 대상자의 애착과 관련된 마음의 표상을 분석한 후 다음의 5가지 중 하나의 유형으로 분류: 안정-자율형, 무시형, 몰입형, 미해결-혼란형, 분류 불가능.

첫 두 단계는 채점자가 9점 척도로 채점하도록 되어 있다. 하지만 연구 의도에 따라 7점이나 5점 척도로 채점하는 경우도 있다(여기에서는 9점 척도를 기준으로 설명한다). 각 단계마다 구성된 하위 차원들의 특성이 뚜렷할수록 높은 점수로 채점한다. 예를 들어 제1단계의 하위 차원들은 '사랑에 대한 경험', '거절 또는 거부에 대한 경험', 그리고 '역할이 전도되거나 부모의 지나친 관여에 대한 경험'이다. 그러므로 사랑의 경험이 뚜렷할수록, 거부가 뚜렷할수록, 역할전도가 뚜렷할수록 높은 점수를 배점한다.

제 1단계의 경우 위에서 설명한 것처럼 어린 시절 부모와 가진 경험에 대하여 '사랑에 대한 경험', '거절 또는 거부에 대한 경험', 그리고 '역할이 전도되거나 부모의 지나친 관여에 대한 경험'의 세 가지 차원을 채점한다. 각 차원에 대하여 녹음된 참여자의 진술에 따라 9점 척도로 배점한다. 특히 면접 대상자가 어린 시절 어려움에 처했을 때 부모를 신뢰할 수 있었는지, 정서적 공감이나 지지를 받았는지의 여부를 분석해야 한다.

제 2단계의 경우 면접대상자가 현재 느끼는 마음의 상태에 대하여 '부모를 이상화하는 진술', '아동기 기억에 대한 어려움', '부모에 대한 분노 감정', '상실 또는 트라우마의 미해결', '담화의 일관성'의 다섯 가지 차원을 채점한다. 1단계와 마찬가지로 각 차원에 대하여 녹음된 참여자의 진술에 따라 9점 척도로 배점한다. 이 때 '담화의 일관성'은 그라이스(Paul Grice)의 대화의 격률에 따라 채점한다. 그라이스가 제시한 4가지 대화공리는 다음과 같다.

- **질의 격률**
  : 대화의 본질에 맞는 진실을 말해야한다.
- **양의 격률**
  : 대화에 요구되는 정보가 필요이상 많거나 적지 않도록 해야 한다.
- **관련성의 격률**
  : 대화의 주제와 관련성이 있어야 한다.
- **방법의 격률**
  : 논리적이고 분명하게 말해야 한다.

주의할 점은 '담화의 일관성'에 대한 채점은 이상의 네 가지 대화공리의 각 항목마다 참여자의 녹음된 진술에 따라 9점 척도로 배점이 이루어져야 한다. 즉 2단계의 다른 차원들과는 달리 '담화의 일관성' 차원은 세분화되어 채점된다.

제 3단계의 경우 첫 두 단계를 종합하여 참여자가 마지막으로 애착 유형을 배정하는 단계이다. 첫 두 단계에 나타난 면접 대상자의 애착 경험과 그에 따른 표상을 분석하여 안정-자율형, 무시형, 몰입형, 미해결-혼란형, 분류 불가능의 다섯 가지 유형 중 하나에 배정하여 분류한다. 애착유형 분류를 위한 인터뷰 상의 세부적인 특징은 표6-4와 같다.

성인애착 유형		특 징
안정-자율형 (F)	F0	• 생동감있는 언어로 부모에 대한 믿음직한 이미지를 표현함. • 적어도 한 부모로부터 안정감있는 애착관계를 가지고 있으며 애착경험에 대해 공평하고 객관적으로 진술함(부모에 대해 좋은 점과 나쁜 점을 공평하게 진술). • 상담자의 질문을 바로 알며 대화가 일관적이고 협조적이며 명확함. • 애착주제에 대해 이야기 할 때 편안해 하며 자신과 부모관계에 대하여 어려움 없이 반응함. • 그라이스의 대화격률을 크게 위배하지 않음.
	F1	• 모질고 거친 애착적 관심사는 외면하려는 경향을 보임(F1a). • 또는 애착주제에 집중하려는 기회를 제한함(F1b).
	F2	• 애착에 대해 중요하게 생각하지만 말하기 힘든 애착적 관심사는 유머를 사용하여 회피하기도 함.
	F3	• 처음부터 안정형인 그룹(F3a)과 처음에는 불안정형이었지만 이후 안정형에 속한 '획득된 안정형' 그룹(F3b)으로 나뉨.
	F4	• 대체로 지지적인 배경을 대항하는 애착 기억에 다소 집착하는 모습이 보임(F4a). • 또는 불행한 상실이나 트라우마에 약간 집착하는 모습이 보임(F4b).
	F5	• 분개하거나 혼란스런 모습이 보이지만 애착에 대해 지속적으로 관여하면서 대화함.

성인애착 유형		특 징
무시형 (D)	D0	• 애착에 관한 주제를 다루기 꺼려하거나 다루기 힘들어 함. • 질문에 대한 답변이 단답형이고, 사무적이며, 이해를 위한 설명을 하지 않음. • 완벽하게 보이려는 태도, 특히 감정적으로 절제된 태도가 강함. • 어린 시절을 기억하는데 어려워 함. • 표면적 표현과는 달리 증오와 불신이 내적으로 향하여 있음. • 부모에 대한 표현이 모호하며 애착에 관한 진술이 일관적이지 않음. • 그라이스의 대화격률을 크게 위반하며 진술.
	D1	• 종종 기억이 나지 않는다고 주장하며 질문에 대한 답변을 주로 이상화, 일반화하는 특징을 강하게 보임(예: "우리 엄마는 최고의 사람이에요", "보통이죠", "모든 부모가 자녀를 사랑하지 않나요?" 등).
	D2	• 중요한 애착관계를 무시하거나 경멸하는 내용이 나타남(예: "엄마가 버스를 잘못 탔어요. 글쎄. 애도 아니고.....").
	D3	• 감정적으로 제한하는 태도가 강하게 보임(예: 인지적으로는 어린 시절의 상처를 분명하게 재진술하면서 감정적인 개입은 전혀 없는 인지와 감정의 불일치).
집착형 (E)	E0	• 어린 시절 받았던 상처의 감정이 그대로 지금까지 살아있는 듯 표현함. • 어린 시절의 내용은 부모를 기쁘게 하려는 노력들로 가득 참. • 분노와 절망으로 어린 시절을 묘사. • 어린 시절 부모를 돌보는 역할로 자신을 표현함. • 과거를 회고할 때 여전히 그들의 부모와 인지–감정적으로 엉겨있어서 영아기 감정들로 가득 차 있으며 당황케 함. • 때때로 자신이 낯선 사람과 공식적인 인터뷰 중이라는 사실을 망각한 것처럼 보임. • 기억들이 일관적이지 않으며 혼란스럽게 표현됨. • 주로 말이 많으며 문법적으로 뒤엉키며 불필요한 표현들로 가득 참. • 그라이스의 대화격률을 크게 위반하며 진술.

성인애착 유형		특 징
집착형 (E)	E1	• 수동적 집착형(passively preoccupied)으로 부모의 부정적인 측면에 대해서는 크게 이야기하지 않아 축소된 형태를 보이지만 불필요한 표현들을 많이 사용함. • 대화 주제에 대해 머물지 못하고 과거 어린 시절의 다른 긴 이야기를 늘어놓아 원하지 않는 주제를 벗어나려 함.
	E2	• 분노로 가득 찬 집착형(angrily preoccupied)으로 과거의 사건들과 부모가 잘못한 부분, 서운한 부분에 대해 자세하게 진술하는 특징을 보임. • 대화 주제를 끊지 못하는 특징이 있음.
	E3	• 두려움으로 가득 찬 집착형(fearfully preoccupied)으로 현재의 대화주제가 아닌데도 갑자기 두려웠던 과거 사건을 이야기함(예: 엄마와의 좋았던 추억이 주제인데 갑자기 아빠가 술을 먹고 엄마를 구타했다는 이야기를 진술함).
미해결/혼란형 (U)		• 상실에 관한 경험이나 학대받은 경험 등을 이야기 할 때 심각한 논리적 실수가 보임(예: 죽었다고 진술한 사람을 현재 살아 있는 것처럼 진술). • 대화 중 장시간 침묵을 보이거나 찬사를 늘어놓음. • 세대 간 유형의 전이가 심함.

Note. 출처: Main, Kaplan, & Cassidy(1985), Karen(1994), Steel & Steel(2008) 참고하여 요약함.

표6-4. 성인애착인터뷰에 따른 애착분류

| 친밀관계 경험척도 (Experiences in Close Relationships) |

에인즈워스나 메인 이후 성인애착 분야에 공헌한 인물로는 하잔(Cindy Hazan)과 쉐이버(Phillip Shaver)를 들 수 있다. 이들은 에인즈워스의 애착의 세 가지 유형을 성인의 애정관계에 적용하여 애착에 대한 심리구조를 설명하면서 성인애착에 대한 연구의 범위를 확장시켰다(Hazan, & Shaver, 1987). 이후 바돌로뮤와 호로비츠(Bartholomew, & Horowitz, 1991)가 자기와 타인에 대한 표상을 중심으로 애착의 네 가지 유형을 설명하면서 성인애착과 관련한 다양한 자기-보고식 측정도구들이 개발되었다.

친밀관계 경험척도는 이러한 흐름에서 성인애착을 측정하기 위해 브레넌, 클라크, 쉐이버(Brennan, Clark, & Shaver, 1998)가 개발했다. 그들은 당시에 개발되어 알려진 성인애착과 관련된 모든 척도들(총 60종)을 수집하여 총 482문항 중 반복되는 문항을 제외한 323문항에 대한 요인분석[22]을 실시했다. 그리고 결과적으로 '**친밀감에 대한 회피 요인**'과 '**거부 또는 유기에 대한 불안요인**'을 도출하였으며 각 요인에서 가장 높은 출력을 보이는 18개의 항목들을 구성하여 성인애착 측정을 위한 자기-보고식 척도를 개발하였다. 그것이 바로 '**친밀관계 경험척도**(Experiences in Close Relationships: ECR)'이다. 그러므로 친밀관계 경험척도는 '회피'와 '불안'의 두 차원으로 구성되어 있으며 각 차원 당 18문항씩 총36문항으로 구성되어 있다.

현재 친밀관계 경험척도는 개정판(ECR-R)과 단축판(ECR-Short Form) 버전이 제시되었으며, 개정판 문항의 경우 원판과 달리 문항반응이론(item response theory)에 기초하여 개발되었다. 개정판의 회피 차원에 대한 검사-재검사 신뢰도는 95%였으며 불안 차원의 신뢰도는 93%였다(Fraley, Waller, & Brennan, 2000). 반면에 단축판 버전의 경우 회피차원과 불안

---

22) '요인분석'이란 위의 경우를 예로 들자면 482문항에 내포된 각각의 주제들을 분석하여 서로 상관관계가 있는 주제들끼리 모아서 상관관계를 일으키는 요인들을 찾아내는 통계 기법을 말한다. 위의 경우 전체 문항 중에 서로 상관관계를 일으키는 여러 요인들 중 가장 큰 두 요인이 '친밀감에 대한 회피요인'과 '거부 또는 유기에 대한 불안요인'이었다.

차원이 각각 6문항씩 구성되어 있고, 회피 차원에 대한 검사-재검사 신뢰도
는 83%였으며 불안 차원의 신뢰도는 80%였다(Wei et al., 2007). 친밀관계
경험척도의 단축판은 국내에서도 연구된 바 있다. 최근 한국어 개정판 친밀
관계 경험척도의 단축형이 개발되었으며 회피차원과 불안차원은 각각 7문
항씩 구성되어 총 14문항으로 이루어져 있다. 내적일관성을 나타내는 신뢰
도계수는 회피차원이 92%였으며 불안차원이 93%였다(윤혜림 등, 2017).

▶▶▶ 절차

친밀관계 경험척도는 성인애착을 측정하기 위한 자기-보고식 검사이다.
리커트식 7점 척도를 사용하여 1점(전혀 그렇지 않다)에서 7점(매우 그렇다)
사이에서 참여자가 자신에게 가장 적합하다고 판단되는 점수에 표시하도록
고안되어 있다. 참여자는 검사를 실시하기 전 지시사항을 읽고 숙지한 후
각 문항에 답하도록 되어 있다. 시간제한은 없으나 소요시간은 15~20분이
적절하다.

▶▶▶ 채점 및 해석

친밀관계 경험척도의 홀수 문항은 '친밀감에 대한 회피요인'을 다루는 질
문들로 구성되어 있다. 반대로 짝수 문항은 '거부 또는 유기에 대한 불안 요
인'을 다루는 질문들로 구성되어 있다. 그러므로 채점과 해석은 홀수 문항과
짝수 문항을 따로 분리하여 다루게 된다. 또한 친밀관계 경험척도의 채점은
7점 리커트 척도에 따라 계산되며 문항 중에는 점수를 거꾸로 역 채점해야
하는 문항들이 있기 때문에 채점에 신중해야 한다. 친밀관계경험척도의 원
판의 경우 역 채점 문항은 총 10문항이며, 개정판의 경우 총 14문항이다. 그

리고 단축판의 역 채점 문항은 총 4문항이며, 한국형 단축판의 경우 총 7문항이다.

역 채점 문항은 응답자의 점수를 대칭으로 바꾸어 채점해야 한다. 예를 들어 응답자가 1점을 선택했을 경우 대칭 점수인 7점으로 계산해야 하며, 2점은 6점으로, 3점은 5점으로 계산해야 한다. 4점은 7점 리커트 점수의 중앙 점수이므로 그대로 4점으로 계산한다. 그리고 응답자가 5점을 선택하였을 경우 대칭 점수인 3점으로 계산하며, 6점은 2점으로, 7점은 1점으로 계산한다.

역 채점 문항의 점수가 환산 되었으면 회피 차원은 홀수 문항의 점수를 합산하여 구하며, 불안 차원은 짝수 문항의 점수를 합산하여 구한다. 이 때 문항 중 역 채점 문항은 역 채점을 통해 환산된 점수로 계산해야 한다.

애착유형의 분류는 참여자 전체 집단의 평균을 기준으로 정할 수 있다. 예를 들어 회피 유형으로 분류되기 위해서는 참여자 전체의 회피 문항에 대한 평균보다 응답자의 회피 문항(홀수 문항)의 평균점수가 높고 불안 문항(짝수 문항)의 평균은 전체 집단의 불안 문항에 대한 평균 점수보다 낮아야 한다. 반대로 불안 유형으로 분류되기 위해서는 참여자 전체의 불안 차원의 평균보다 응답자의 평균 점수가 높아야하고 응답자의 회피 차원의 평균은 전체 집단의 회피 차원의 평균 점수보다 낮아야 한다. 응답자의 평균 점수는 회피문항과 불안 문항의 총점을 각각 문항 수인 18로 나누어 구한다.

평균에 따른 애착유형의 분류는 다음과 같이 요약할 수 있다.

애착유형	전체 집단과의 평균 비교	
안정형	회피차원 점수 낮음 ⇩	불안차원 점수 낮음 ⇩
불안/몰두형	회피차원 점수 낮음 ⇩	불안차원 점수 높음 ⇧
회피형	회피차원 점수 높음 ⇧	불안차원 점수 낮음 ⇩
혼란/미해결형	회피차원 점수 높음 ⇧	불안차원 점수 높음 ⇧

표6-5. 친밀관계 경험척도에서의 평균 비교를 통한 유형 분류

연구에 따른 전체 집단의 평균이 없을 경우 다음과 같은 기준으로 애착유형의 상태를 해석할 수 있다. 유형 분류는 개인의 평균 점수를 표6-6의 기준에 따라 해석하여 분류할 수 있다. 예를 들어 개인의 홀수 문항의 평균점수가 2.6점이고 짝수 문항의 평균점수가 6.2점이라면 불안정 집착/몰두 유형에 속한다. 회피적 특징을 나타내는 홀수 문항의 점수는 안정 범위에 속하지만 집착/몰두 유형의 특징을 나타내는 짝수 문항의 점수는 매우 강한 불안정 유형에 속하기 때문이다.

평균점수	해 석
1.0~2.99	안정유형에 속한다.
3.0~3.99	안정유형에 속하지만 불안정 유형의 특징이 다소 보인다.
4.0~5.99	불안정 유형에 속한다.
≥6.0	매우 강한 애착 불안정을 보인다.

표6-6. 친밀관계 경험척도의 척도 해석

SUPPLEMENT
부록

부록 1. 낯선 상황 실험의 채점에 따른 평균 및 표준편차

	2단계		3단계		5단계		8단계	
	평균	표준편차	평균	표준편차	평균	표준편차	평균	표준편차
근접추구행동(proximity seeking)								
A1	1.50	1.00	2.00	1.54	1.33	0.65	1.42	0.67
A2	1.60	1.58	1.60	1.27	2.30	1.64	3.20	1.40
B1	1.80	1.03	2.25	1.46	2.40	1.71	2.90	1.79
B2	1.82	1.94	1.82	1.17	2.45	2.02	5.27	1.56
B3	2.19	1.90	3.11	2.40	4.44	1.90	4.98	1.36
B4	2.50	3.00	2.75	1.26	4.25	0.50	4.00	0.82
C1	2.43	2.23	4.86	2.85	3.83	1.94	4.00	1.63
C2	2.14	2.27	1.43	1.13	3.43	1.27	2.86	1.07
접촉유지행동(contact maintaining)								
A1	1.25	0.62	1.08	0.29	1.08	0.29	1.17	0.58
A2	1.10	0.32	1.65	1.49	1.00	0	3.05	1.61
B1	1.30	0.95	1.20	0.63	1.20	0.63	2.20	1.14
B2	1.73	1.62	1.36	1.21	1.36	0.81	4.50	1.53
B3	1.77	1.67	2.03	1.76	3.23	2.32	5.73	1.44
B4	2.75	2.06	2.75	2.06	2.75	2.06	4.50	0.58
C1	3.00	2.65	4.29	2.56	4.29	1.80	4.29	1.89
C2	1.86	2.27	1.71	1.89	3.86	1.95	4.57	1.72
근접추구와 접촉의 회피행동(avoidance of proximity and contact)								
A1					5.79	0.89	5.92	1.38
A2					4.10	1.45	4.70	1.69
B1					3.70	1.25	3.40	1.35
B2					3.55	1.86	1.82	1.25
B3					1.56	1.14	1.28	0.81
B4					1.00	0	2.25	1.50
C1					2.29	1.89	3.57	2.30
C2					1.86	1.57	2.29	1.60

	2단계		3단계		5단계		8단계	
	평균	표준편차	평균	표준편차	평균	표준편차	평균	표준편차
접촉과 안정에 대한 저항행동(resistance to contact and comforting)								
A1	1.00	0	1.00	0	1.08	0.29	1.83	1.64
A2	1.00	0	1.00	0	1.08	0.29	3.23	1.65
B1	1.30	0.95	1.00	0	1.20	0.42	1.60	1.08
B2	1.00	0	1.00	0	1.36	0.67	1.64	0.92
B3	1.00	0	1.00	0	1.60	1.36	1.53	1.01
B4	1.00	0	1.00	0	2.25	1.89	2.38	2.43
C1	2.14	2.27	1.64	1.70	4.43	2.58	4.86	1.46
C2	1.43	0.79	1.14	0.38	2.29	1.89	3.29	2.29

Note. 출처: Ainsworth et al. (1978), Waters(2002).

부록 2. 애착 Q-Sort 검사의 안정성과 의존성 기준 점수

카드 번호	안정성 기준점수	의존성 기준점수	하위영역 A	하위영역 B	카드 번호	안정성 기준점수	의존성 기준점수	하위영역 A	하위영역 B
1	8	5.2	comp	SIM	31	2.5	8.4		
2	1.8	5.8	F/D	SIM	32	7.2	4.6	comp	SIM
3	4.8	2	SB	PCM	33	1.3	5.2	SB	PCM
4	6.2	4.8			34	1.2	5	SB	PM
5	6.3	5.8			35	4.3	1		PM
6	6.2	7.2		SIM	36	8.8	3.6	SB	PM
7	4.3	2.4		IOA	37	4.8	4.4		
8	3.3	4.6	F/D		38	1.2	7.2	F/D	SIM
9	6.5	3	F/D	SIM	39	4.7	5		
10	2.3	6	F/D		40	6.5	4		
11	7.5	7.4	EPC	PM	41	8.5	6.8	comp	SIM
12	6	2.8		IOA	42	8.2	5		
13	2.7	7.4	F/D		43	4.7	8.6		PM
14	7.8	6.2	AS	PM	44	7.7	7.4	EPC	PCM
15	7.7	4	SB	IOA	45	5.2	5		
16	5.2	5			46	5.7	4.6		
17	3.5	4.4		IOA	47	7.2	5	SB	
18	8.5	5.6	comp	SIM	48	6	4		IOA
19	7.7	5.4	comp	SIM	49	6.3	5.2		
20	4.2	3	F/D		50	3.5	5.3		IOA
21	8.8	8	SB	PM	51	4.7	2.6		IOA
22	6.5	4.8			52	3.8	5		
23	2.7	7			53	8.5	6	EPC	PCM
24	4.5	5.4		SIM	54	1.5	4		SIM
25	2	2.8	SB	PM	55	7	5.4		
26	3.3	7.6	F/D		56	2.7	5.6		
27	6.3	4			57	4	2.4		
28	7.5	6.4	EPC	PCM	58	3.2	3.8		IOA
29	4.3	4			59	3.8	1.2		PM
30	2.3	5	F/D		60	8.5	3	SB	IOA

카드 번호	안정성 기준점수	의존성 기준점수	하위영역 A	하위영역 B	카드 번호	안정성 기준점수	의존성 기준점수	하위영역 A	하위영역 B
61	1.8	4.6	F/D		76	3.2	2.8		IOA
62	5.5	4	F/D	SIM	77	7.7	5.2		
63	2	7.8			78	4.5	2.4		IOA
64	7	6	EPC	PCM	79	1	5.2	F/D	SIM
65	1.8	5	comp	SIM	80	8.5	4.6	SB	
66	7	3.6		IOA	81	1.8	7.4	F/D	SIM
67	4	4.4		IOA	82	4	4.8		
68	5	5			83	6.5	7		
69	2.3	1.2		PM	84	5	4.6		
70	8	5.6	AS	SIM	85	7.5	3.4		
71	8.8	3.4	SB	PCM	86	6.5	6.2	AS	
72	4.5	5.4			87	5.8	6.6		
73	5.2	5.6			88	1.2	4.4	SB	
74	7.5	6.2	F/D	SIM	89	6.5	4.8		
75	1.2	8	SB		90	8.3	7.2	SB	

※참고: 하위영역A: 피더슨와 모건의 분류 / 하위영역B: 포사다와 워터스의 분류

참고문헌

Ainsworth, M. D. S. (1967). Infancy in Uganda: Infant care and the growth of love. Baltimore, MD: The Johns Hopkins University Press.

Ainsworth, M. D. S. (1970). Attachment, exploration, and separation: Illustrated by the behavior of one-year-olds in a strange situation. Child Development, 41, 49-67.

Ainsworth, M. D. S. (1979). Attachment as related to mother-infant interaction. In J. S. Rosenblatt, R. A. Hinde, C. Beer, M. Busnel (Eds.). Advances in the study of behavior. (pp. 1-51). New York: Academic Press.

Ainsworth, M. D. S. (1985a). Patterns of attachment. Clinical Psychologist, 38, 27-29.

Ainsworth, M. D. S. (1985b). Patterns of infant-mother attachments: Antecedents and effects on development. Bulletin of the New York Academy of Medicine, 61(9), 771-791.

Ainsworth, M. D. S. (2010). Security and attachment. In R. Volpe (Ed.), The secure child timeless lessons in parenting and childhood education (pp. 43-53). Toronto: University of Toronto Press.

Ainsworth, M., Blehar, M., Waters, E., & Wall, S. (1978). Patterns of attachment: A psychological study of the Strange Situation. Hillsdale, NJ: Lawrence Erlbaum.

Arslan, E., Arslan, C., & Ari, R. (2012). An investigation of interpersonal problem solving approaches with respect to attachment styles. Educational Sciences: Theory & Practice, 12(1), 15-23.

Bartholomew, K. (1990). Avoidance of intimacy: An attachment perspective. Journal of Social and Personal Relationships, 7, 147-178.

Bartholomew, K. & Horowitz, L. M. (1991). Attachment styles among young adults: A test of a four-category model. Journal of Personality and Social Psychology, 61(2), 226-244.

Benoit, D., & Parker, K. C. H. (1994). Stability and transmission of attachment across three generations. Child Development, 65(5), 1444-1456.

Bourgine, P. & Stewart, J. (2004). Autopoiesis and cognition. Artificial Life, 10, 327-345.

Bowlby, J. (1944). Forty-four juvenile thieves: Their character and home-life, International Journal of Psychoanalysis, 25, 19-52.

Bowlby, J. (1951). Maternal care and mental health. World Health Organization Monograph (Serial No. 2).

Bowlby, J. (1982). Attachment and loss: Vol. 1. Attachment. New York, NY: Basic Books. (Original work published 1969)

Bowlby, J. (1973). Attachment and loss: Vol. 2. Separation: Anxiety and anger. New York, NY: Basic Books.

Bowlby, J. (1988). A secure base: Clinical applications of attachment theory. London: Routledge.

Brennan, K. A, Clark C. L, Shaver P. (1998). Self-Report Measurement of Adult Attachment: An Integrative Overview. In: Simpson JA, Rholes WS, editors. Attachment theory and close relationships. New York: The Guilford Press. p. 46-76.

Brinich, P. & Shelley, C. (2002). The self and personality structure. Philadelphia, PA: Open University Press.

Bretherton, I. (1992). The origin of attachment theory: John Bowlby and Mary Ainsworth, Developmental Psychology, 28, 759-775.

Bromberg, P. M. (1998). Standing in the Spaces: Essays on Clinical Process, Trauma, and Dissociation. Hillsdale, NY: The Analytic Press.

Buchheim, A., Heinrichs, M., George, C., Pokomy, D., Koops, Eva., Henningsen, P., O'Connor, M., & Gundel, H. (2009). Oxytocin enhances the experience of attachment security. Psychoneuroendocrinology, 34(9), 1417-1422.

Buri, J. R., & Mueller, R. A. (1993). Psychoanalytic theory and loving God concepts: Parent referencing versus self-referencing. Journal of Psychology, 127, 17-27.

Carlson, V., Cicchetti, D., & Braunwald, K. (1989). Disorganized/disoriented attachment relationships in maltreated infants. Developmental Psychology, 25, 525-531.

Cao, J. X., Zhang, H. P., & Du, L. X. (2013). Influence of environmental factors on DNA methylation. Yi Chuan, 35(7), 839-46.

Cassibba, R. et al., (2017). The transmission of attachment across three generations: A study in adulthood. Developmental Psychology, 53(2), 396-405.

Chen, C., Hewitt, P. L., & Flett, G. L. (2014). Preoccupied attachment, need to belong, shame, and interpersonal perfectionism: An investigation of the perfectionism social disconnection model. Personality and Individual Differences, 76, 177-182.

Clinton, T., & Sibcy, G. (2002). Attachment: why you love, feel, and act the way you do. Brentwood, TN: Integrity Publishers.

Coan, J. (2008). Toward a Neuroscience of Attachment. Handbook of attachment: Theory, research, and clinical applications. 241-268.

Cohen, S., & Syme, L. (1985). Social support and health. New York: Academic Press.

Collin, V. L. (1996). Human attachment. Philadelphia: Temple University Press.

Collins, N. L. & Feeney, B. C. (2000). A safe haven: An attachment theory perspective on support seeking and caregiving in intimate relationships. Journal of Personality and Social Psychology, 78(6), 1053-1073.

Collins, N. L., Ford, M. B., & Feeney, B. C. (2011). An attachment-theory perspective on social support in close relationships. In L. M. Horowitz & S. Strack (Eds.), Handbook of interpersonal psychology: Theory, research, assessment, and therapeutic interventions (pp. 209-232). Hobeken: John Wiley & Sons, Inc.

Cozolino, L. (2002). The neuroscience of psychotherapy. New Yo가: W.W. Norton & Company.

Cozolino, L. (2006, 2014). The neuroscience of human relationships (2nd ed.). New York: W.W. Norton & Company.

Craig, A. D. (2003). A new view of pain as a homeostatic emotion. Trends in Neuroscience, 26(6), 303-307.

Craig, A. D. (2008). "Interoception and emotion: A neuroanatomical perspective". In Lewis, M.; Haviland-Jones, J. M.; Feldman B. L. Handbook of Emotion (3 ed.). New York: The Guildford Press. pp. 272-288.

Crowell, J., & Waters, E. (2006). Attachment representations, secure-base behavior, and the evolution of adult relationships: The Stony Brook adult relationship project. In K. E. Grossmann, K. Grossmann, & E. Waters (Eds.), Attachment from infancy to adulthood: The major longitudinal studies (pp. 223-244). New York: The Guilford Press.

Damasio, A. R. (2000). A second chance for emotion. In R. D. Lane, & L. Nadel (Eds.), Cognitive neuroscience of emotion (pp. 12-23). New York: Oxford University Press.

Delvecchio, E., Riso, D., Salcuni,S., Lis, A., & George, C. (2014). Anorexia and attachment: Dysregulated defense and pathological mourning. Frontiers in Psychology, 5, 1-8.

Dennitt, D. C. (1987). The intentional stance. Cambridge: MIT Press.

Dickie, J. R., Ajega, L. V., Kobylak, J. R., & Nixon, K. M. (2006). Mother, father, and self: Sources of young adults' God concepts. Journal for the Scientific Study of Religion, 45, 57-71.

Dimaggio, G., & Lysaker, P. H. (2015). Metacognition and mentalizing in the psychotherapy of patients with psychosis and personality disorders. Journal of Clinical Psychology, 71(2), 117-124.

Dimaggio, G., Lysaker, P. H., Carcione, A., Nicolo, G., & Semerari, A. (2008). Know yourself and you shall know the other... to a certain extent: Multiple paths of influence of self-reflection on mindreading. Consciousness and Cognition, 17, 778-789.

Duschinsky, D. (2015). The emergence of the disorganized/disoriented (D) attachment classification, 1979-1982, History of Psychology, 18(1), 32-46.

Flores, P. J. (2004). Addiction as an attachment disorder. New York: Jason Aronson.

Fries, A. B., Shirtcliff, E. A., & Pollak, S. D. (2008). Neuroendocrine dysregulation following early social deprivation in children. Developmental Psychobiology, 50(s), 588.

Fonagy, P., Bateman, A., & Luyten, P. (2012). Introduction and overview. In A. Bateman & P. Fonagy (Eds.), Handbook of mentalizing in mental health practice (pp. 3-41). Arlington, VA: American Psychiatric Publishing, Inc.

Fonagy, P., Gergely, G., Jurist, E., & Target, M. (2002). Affect regulation, mentalization, and the development of the self. New York: Other Books.

Fonagy, P., Leigh, T., Steele, M., Steele, H., Kennedy, R., & Mattoon, G. (1996). The relation of attachment status, psychiatric classification, and response to psychotherapy. Journal of Consulting and Clinical Psychology, 64(1), 22-31.

Fonagy, P., Steele, H., & Steele, M. (1991). Maternal representations of attachment during pregnancy predict the organization of infant-mother attachment at one year of age. Child Development, 62(5), 891-905.

Fonagy, p., Steele, M., Steele, H., Moran, G. S., & Higgitt, A. C. (1991). The capacity for understanding mental states: The reflective self in parent and child and its significance for security of attachment. Infant Mental Health Journal, 12(3), 201-218.

Fonagy, P., & Target, M. (1997). Attachment and reflective functioning: THeir role in self-organization. Development and Psychopathology, 9, 679-700.

Fraley, R. C., Waller, N. G., & Brennan, K. A. (2000). An item response theory analysis of self-report measures of adult attachment. Journal of Personality and Social Psychology, 78, 350-365.

Francis, D., Kaiser, D., & Deaver, S. (2003). Representations of attachment security in the Bird's Next Drawings of clients with substance abuse disorders. Art Therapy: Journal of the American Art Therapy Association, 20(3), 124-137.

Freud, S. (1913, 1952). Totem and taboo: Some points of agreementbetween the mental lives of savages and neurotics. New York, NY: W.W. Norton.

Friedman, S. L., & Boyle, D. E. (2008). Attachment in US children experiencing non-maternal care in the early 1990s. Attachment & Human Development, 10(3), 225-261.

George, C., Kaplan, N., & Main, M. (1984, 1988, 1996). The Adult Attachment Interview. Unpublished protocol (3rd edition), Department of Psychology, University of California, Berkeley.

Gergely, G., & Unoka, Z. (2008). Attachment and mentalization in humans. The development of the affective self. In E. J. Jurist, A. Slade, & S. Bergner (Eds.), Mind to mind. Infant research, neuroscience, and psychoanalysis (pp. 50-87). New York, NY: Other Press.

Goldberg, S. (2000). Attachment and development. New York: Routledge.

Goldfarb, W. (1945). Psychological privation in infancy and subsequent adjustment. American Journal of Orthopsychiatry, 15, 247-255.

Granqvist, P. & Kirkpatrick, L. A. (2008). Attachment and religious representations an behavior. In J. Cassidy, P. R. Shaver, J. Cassidy, P. R. Shaver (eds.), Handbook of attachment: Theory, research, and clinical applications (2nd ed.) (pp. 906-933). New York, NY US: Guilford Press.

Granqvist, P., Mikulincer, M., Gewirtz, V., & Shaver, P. R. (2012). Experimental findings on God as an attachment figure: Normative processes and moderating effects of internal working models. Journal of Personality and Social Psychology, 103, 804-818.

Greenspan, S. I. (2002). The secure child. Cambridge: Da Capo Press.

Hazan C, Shaver P. (1987). Romantic love conceptualized as an attachment process.

Journal of Personality and Social Psychology, 52(3), 511-524.

Higgins, E. T. (1987). Self-discrepancy: A theory relating self and affect. Psychological Review, 94, 319-340.

Kaiser, D. H. (1996). Indications of attachment theory in a drawing task. The Arts in Psychotherapy, 23(4), 333-340.

Kaiser, D. H., & Deaver, S. (2009). Assessing attachment with the Bird's Nest Drawing: A review of the research. Art Therapy: Journal of the American Art Therapy Association, 26(1), 26-33.

Karen, R. (1998). Becoming attached. New York: Oxford University Press.

Kirkpatrick, L. A. (1992). An attachment-theory approach to the psychology of religion. International Journal for the Psychology of Religion, 2, 3-28.

Kirkpatrick, L. A. (1998). God as a substitute attachment figure: A longitudinal study of adult attachment style and religious change in college students. Personality and Social Psychology Bulletin, 24, 961-973.

Kirkpatrick, (2005). Attachment, Evolution and the Psychology of Religion. New York: Guilford Press.

Kirkpatrick, L. A., & Shaver, P. R. (1990). Attachment theory and religion: Childhood attachments, religious beliefs, and conversion. Journal for the Scientific Study of Religion, 29, 315-334.

Kirkpatrick, L. A., & Shaver, P. R. (1992). An attachment theoretical approach to romantic love and religious belief. Personality and Social Psychology Bulletin, 18, 266-275.

LaGrandeur K. (2015). Emotion, Artificial Intelligence, and Ethics. In: Romportl J., Zacko-va E., Kelemen J. (eds) Beyond Artificial Intelligence. Topics in Intelligent Engineering and Informatics, vol 9. Springer, Cham.

Lee, S. Y., Lee, A. R., Hwangbo, R., Han, J., Hong, M., & Bahn, G. H. (2015). Is oxytocin application for autism spectrum disorder evidence-based? Experimental Neurobiology, 24(4), 312-324.

Levy, K. N. (2005). The implications of attachment theory and research for understanding borderline personality disorder. Development and Psychopathology, 17, 959-986.

Levy, K. N., Johnson, B. N., Clouthier, T. L., Scala, J. W., & Temes, C. M. (2015). An attachment theoretical framework for personality disorders. Canadian Psychology, 56(2), 197-207.

Lieberman, M. D. (2007). Social cognitive neuroscience: A review of core processes. Annual Review of Psychology, 58, 259-289.

Liljenfors, R. & Lundh, L. (2015). Mentalization and intersubjectivity towards a theoretical integration. Psychoanalytic Psychology, 32(1), 36-60.

Locke, K. D. (2008). Attachment styles and interpersonal approach and avoidance goals in everyday couple interactions. Personal Relationships, 15, 359-374.

Main, M. (1991). Metacognitive knowledge, metacognitive monitoring, and singular (coherent) vs. multiple (incoherent) model of attachment: Findings and directions for future research. In C. M. Parkes, J. Stevenson-Hinde, & P.

Marris (Eds.), Attachment across the life cycle (pp. 127-159). London: Tavistock/Routledge.

Main, M., & Goldwyn, R. (1998). Adult attachment scoring and classification system. University of California, Berkeley. Unpublished manuscript.

Main, M., Kaplan, N., & Cassidy, J. (1985). Security in infancy, childhood, and adulthood: A move to the representational level. Monographs of the Society for Research in Child Development, 50, 66-104. http://dx.doi.org/10.2307/3333827

Main, M., & Solomon, J. (1990). Procedures for identifying infants as disorganized/disoriented during the Ainsworth Strange Situation. In M.T. Greenberg, D. Cicchetti & E.M. Cummings (Eds.), Attachment in the preschool years: Theory, research and intervention (pp. 121-160). Chicago: University of Chicago Press.

Malekpour, M. (2007). Effect of attachment on early and later development. British Journal of Developmental Disabilities, 53(105), 81-95.

Marganska, A., Gallagher, M., & Miranda, R. (2013). Adult attachment, emotion dysregulation, and symptoms of depression and generalized anxiety disorder. The American Journal of Orthopsychiatry, 83(1), 131-141.

Mecke, V. (2004). Fatal attachments: The instigation to suicide. London: Praeger.

Menary, R. (2010). 'Introduction to the special issue on 4e cognition', Phenomenological Cognitive Science, 9, 459-463.

Mikulincer, M., Shaver, P. R., & Pereg, D. (2003). Attachment theory and affect regulation: The dynamics, development, and cognitive consequences of attachment-related strategies, Motivation and Emotion, 27(2), 77-102.

Norman, L., Lawrence, N., Iles, A., Benattayallah, A., & Karl, A. (2014). Attachment-security priming attenuates amygdala activation to social and linguistic threat. SCAN, November 5, 1-8.

Pacchierotti, F. & Spano, M. (2015). Environmental impact on DNA methyation in the germline: State of the art and gaps of knowledge. BioMed Research International, 2015: 123484, DOI: 10.1155/2015/123484.

Pederson, R. P., & Morgan, G. (1995). A categorical description of infant-mother relationship in home and its relationship to Q-wort measures of infant-mother interaction. Monographs of the Society for Research in Child Development, 60(2-3 SN.244), 111-132.

Petters, D. (2004). Simulating infant-carer relationship dynamics. In: Proc AAAI Spring

Symposium 2004: Architectures for Modeling Emotion - Cross-Disciplinary Foundations. No. SS-04-02 in AAAI Technical reports, Menlo Park, CA, 114-122.

Petters D. & Beaudoin, L. (2017). Attachment modeling: From observations to scenarios to designs. In P. Erdi, A. L. Cochran, & B. S. Bhattacharya (Eds.), Computational neurology and psychiatry. (pp. 227-272). Cham, Switzerland: Springer.

Petters, D. & Waters, E. (2010). A.I., attachment theory, and simulating secure base behavior: Dr. Bowlby meet the Reverend Bayes. In: Proceedings of the International Symposium on 'AI-Inspired Biology', AISB Convention 2010. AISB Press, University of Sussex, Brighton, 51-58.

Pietromonaco, P. R. & Barrett, L. F., (2000). The internal working models concept: What do we really know about the self in relation to others? Review of General Pcyhology, 4(2), 155-175.

Posada, G., Waters, E. (1995). Spousal conflict and aggression: Relations to attachment security, Manuscript in preparation.

Premack, D. & Woodruff, G. (1978). Does the chimpanzee have a theory of mind? The Behavioral and Brain Science, 4, 515-526.

Quirin, M., Gillath, O., Pruessner, J. C., & Eggert, L. D. (2010). Adult attachment insecurity and hippocapal cell density. SCAN, 5, 39-47.

Reinert, D. F., & Edwards, C. E. (2009). Attachment theory, childhood mistreatment, and religiosity. Psychology of Religion and Spirituality, 1, 25-34.

Rizzuto, A. (1979). The birth of the living God: A psychoanalytic study. Chicago, IL: University of Chicago Press.

Robertson, J., & Robertson, J. (1971). Thomas, aged two years four months, in foster care for ten days [film]. Young Children in Brief Separation Film Series. University Park, PA: Penn State Audio Visual Services.

Robertson, J., & Robertson, J. (1973). Substitute mothering for the unaccompanied child. Nursing Times, November 29. Offprint.

Rosenstein, D. S., & Horowitz, H. A. (1996). Adolescent attachment and psychopathology. Journal of Consulting and Clinical Psychology, 64(2), 244-253.

Salter, M. D. (1940). An evaluation of adjustment based upon the concept of security. Child Development Series, No. 18. Toronto, Ontario, Canada: University of Toronto Press.

Samani, H. A., & Saadatian, E. (2012). A multidisciplinary artificial intelligence model of an affective robot. International Journal of Advanced Robotic Systems, 9(6), 1-11.

Sagi, A., Van IJzendoorn, M. H., Scharf, M. H., Koren-Karie, N., Joels, T., & Mayseless, O. (1994). Stability and discriminant validity of the Adult Attachment Interview: A psychometric study in young Israel adults. Developmental Psychology, 30, 771-777.

Schore, A. (1994). Affect regulation and the origin of the self. Hillsdale: Lawrence Erlbaum Associates, Publishers.

Schore, A. (2002). Advances in neuropsychoanalysis, attachment theory, and trauma research: Implications for self psychology. Psychoanalytic Inquiry, 22, 433-484.

Schore, A. (2003). Affect dysregulation and disorders of the self. New York: W.W. Norton & Company.

Senn, M. J. E. (1977). Interview with John Bowlby / Interview with James Robertson. Unpublished manuscript, National Library of Medicine, Washington, D.C.

Sheller, S. (2007). Understanding insecure attachment: A study using children's Bird Nest Imagery. Art Therapy: Journal of the American Art Therapy Association, 24(3), 119-127.

Siegel, D. (2001). Toward an interpersonal neurobiology of the developing mind: Attachment, "mindsight" and neural integration. Infant Mental Health Journal, 22(1-2), 67-94.

Siegel, D. (2012). Pocket guide to interpersonal neurobiology: An integrative handbook of the mind. New York: W. W. Norton & Company.

Slade, A., Grienenberger, J., Bernbach, E., Levy, D., & Locker, A. (2005). Maternal reflective functioning, attachment, and the transmission gap: A preliminary study. Attachment & Human Development, 7(3), 283-298.

Spitz, R. A. (1946). Anaclitic depression. Psychoanalytic Study of the Child, 2, 313-342.

Sroufe, L. A. (2005). Attachment and development: A prospective, longitudinal study from birth to adulthood. Attachment & Human Development, 7(4), 349-367.

Sroufe, L. A. (2017). Attachment theory: A humanistic approach for research and practice across cultures. In S. Gojman-de-Millan, & C. Herreman (Eds). Attachment across clinical and cultural perspectives: A relational pcychoanalytic approach. (pp. 3-29). New York: Routledge.

Sroufe, L. A., Coffino, B., Carlson, E. A. (2010). Conceptualizing the role of early experience: Lessons from the Minnesota longitudinal study. Developmental Review, 30(1), 36-51.

Steel, H., & Steel, M. (2008). Clinical application of the adult attachment interview. New York: The Guilford Press.

Stepp, S. D. et. al. (2008). The role of attachment styles and interpersonal problems in suicide-related behaviors. Suicide Life Threat Behavior, 38(5), 592.

Swain, J. E., Lorberbaum, J. P., Kose, S., & Strathearn, L. (2007). Brain basis of early parent-infant interactions: Psychology, physiology, and in vivo functional neuroimaging studies. Journal of Child Psychology and Psychiatry, 48(3-4), 262-287.

Tavakolizadeh, J., Taban, J & Akbari, A. (2015). Academic self-efficacy: Predictive role of attachment styles and meta-cognitive skills. Procedia - Social and Behavioral Sciences, 171(16), 113-120.

Trevarthen, C. (1977). Descriptive analysis of infant communicative behavior. In: Schaffer, H. R. Studies in mother-infant interaction. London: Academic Press.

Trevarthen, C. (1979). Communication and cooperation in early infancy: A description of primary intersubjectivity. In M. Bullowa (Ed.), Before Speech: The beginnings of human communication (pp. 321-347). London: Cambridge University Press.

van IJzendoorn, M. (1995). Adult attachment representations, parental responsiveness, and infant attachment: A meta-analysis on the predictive validity of the Adult Attachment Interview. Psychological Bulletin, 117(3), 387 - 403.

Wallin, D. (2007). Attachment in psychotherapy. New York: The Guilford Press.

Walsh, J., Hepper, E. G., & Marshall, B. J. (2014). Investigating attachment, caregiving, and mental health: a model of maternal-fetal relationships. BMC Pregnancy and Childbirth, 14:383, DOI: 10.1186/s12884-014-0383-1

Warmuth, K. A., & Cummings, E. M. (2015) Examining developmental fit of the Adult Attachment Interview in adolescence. Developmental Review, 36, 200-218.

Waters, E. (1978). The reliability and stability of individual differences in infant-mother attachment. Child Development, 49, 483-494.

Waters, E. (1987). Attachment Q-set(version3). Retrieved (July 15. 2018) from http://www.johnbowlby.com.

Waters, E. (2002). Comments on Strange Situation classification. Retrieved on July 10,

2018 from http://www.johnbowlby.com

Waters, E., & Cummings, E. M. (2000). A secure base from which to explore close relationships. Child Development, 71(1), 164-172.

Waters, E., Deane, K. (1985). Defining and assessing individual differences in attachment relationship: Q-mehodology and the organization of behavior in infancy and early childhood. In I. Bretherton & E. Eaters (Eds.), Growing points of attachment theory and research, Monographs of the society for research in child development, 50(1-2, Serial No. 209), 41-65.

Wei, M., Russell, D. W., Mallinckrodt, B., & Vogel, D. L. (2007). The Experiences in Close Relationship Scale(ECR)-Short Form: Reliability, validity, and factor structure. Journal of Personality Assessment, 88, 187-204.

Yoo, J. K. (2011). Insecure attachment, self-discrepancy, suicidal tendency in a sample of Korean and Korean-American: A path model of suicide. Unpublished doctoral dissertation, Liberty University.

김용환. (2011). 학령 전 아동의 애착유형에 따른 새 둥지화 반응차이 연구. 평택대학교 사회복지대학원 석사학위논문.

부버, 마르틴. (2000). 나와 너. 김천배 역. 서울: 대한기독교서회

서선옥, 심미경 (2015). 만 5세 애착측정도구로서의 '애착 Q-set' 예비 타당도 연구. Korean Journal of Child Studies, 36(3), 175-194.

윤혜림, 이원기, 배금예, 이상원, 우정민, 원승희 (2017). 한국어 개정판 친밀관계경험 척도의 개발. Anxiety and Mood, 13(2), 115-122.

정동섭. (2016). 행복의 심리학. 서울: 학지사.

애착이론 **BASIC**

애착이론에 대한 개념, 구조
그리고 측정

초판 1쇄 발행 2018년 8월 27일
초판 2쇄 발행 2020년 7월 15일

지은이 유중근
발행인 김용민
발행처 MCI(엠씨아이)
주 소 대전광역시 유성구 은구비로2, 4층(지족동)
대표전화 070.4064.8014
등록번호 2015년 4월 1일
이메일 maison1025@naver.com
편집/디자인 그리심어소시에이츠
책임디자인 서소라

ISBN 979-11-963169-1-4 (93180)

정가 15,000원